8年スキンケアを
変えていない
私がたどりついた

# 「引く美容」

おやま 著
小林智子 監修

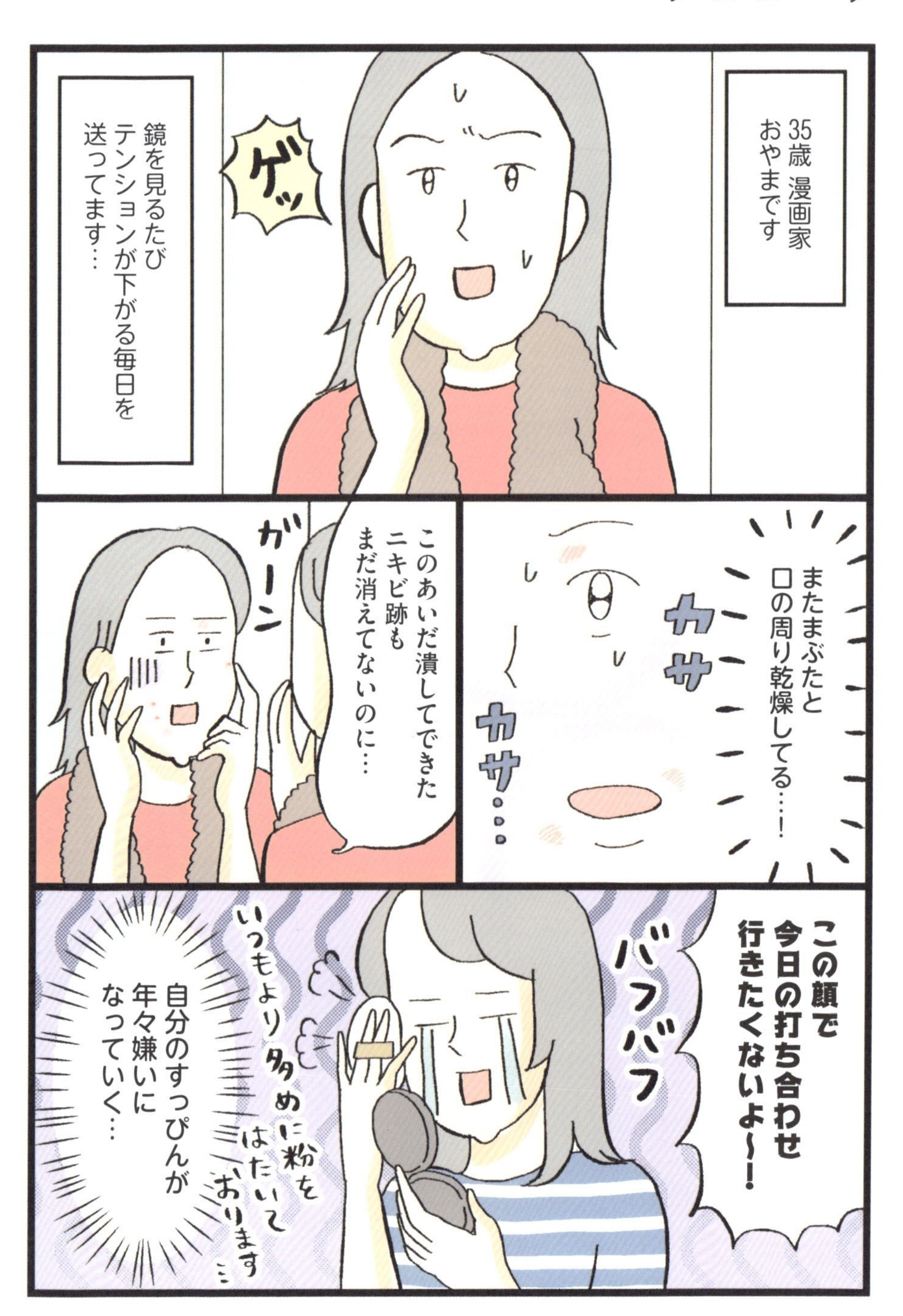
35歳 漫画家
おやまです
ゲッ
鏡を見るたび
テンションが下がる毎日を
送ってます…
またまぶたと
口の周り乾燥してる…!
カサ
カサ…
このあいだ潰してできた
ニキビ跡も
まだ消えてないのに…
ガーン
この顔で
今日の打ち合わせ
行きたくないよ〜!
バフバフ
いつもより多めに粉を
はたいて
おります
自分のすっぴんが
年々嫌いに
なっていく…

COFFEE
そんな感じで
ここ最近肌の調子が
悪くって…
ずうん…
わかります〜！
私はニキビを隠すために
4千円のコンシーラーに
手を出したところです…
編集
Mさん
そしてそれを
グリグリと
塗っています…
わかります…
シミも気になるし…
メイクがどんどん
濃くなっていきますよね…
スキンケアは
どうしてますか？
長女が
産まれてから
だから…
かれこれ8年くらい
同じものを
使ってますね…
次男・5歳
長男・6歳
長女・8歳
8年も!?

他のものを試してみたりしないんですか？
コスパが一番
ドン
ドン
ドン
クリーム
¥500
乳液
400ml
¥1290
化粧水
500ml
¥750
試すこともあるんですけど結局安くて大容量なものに戻ってきちゃうんですよね…
でもそれで調子が悪いってことは
そろそろスキンケアも変えたほうがいいのかもしれないですね
何かアイテムを足すとか…？
うーん
ですよねぇ…でも知識がないから何をどう変えたらいいのかわからなくって…
そういえば…SNSで見かけて気になってた皮膚科医の先生がいるんです！
今度先生にスキンケアについて聞きに行ってみませんか？
ぜひ！聞いてみたいです！
ガタッ
じゃ早速行きましょ〜
♪

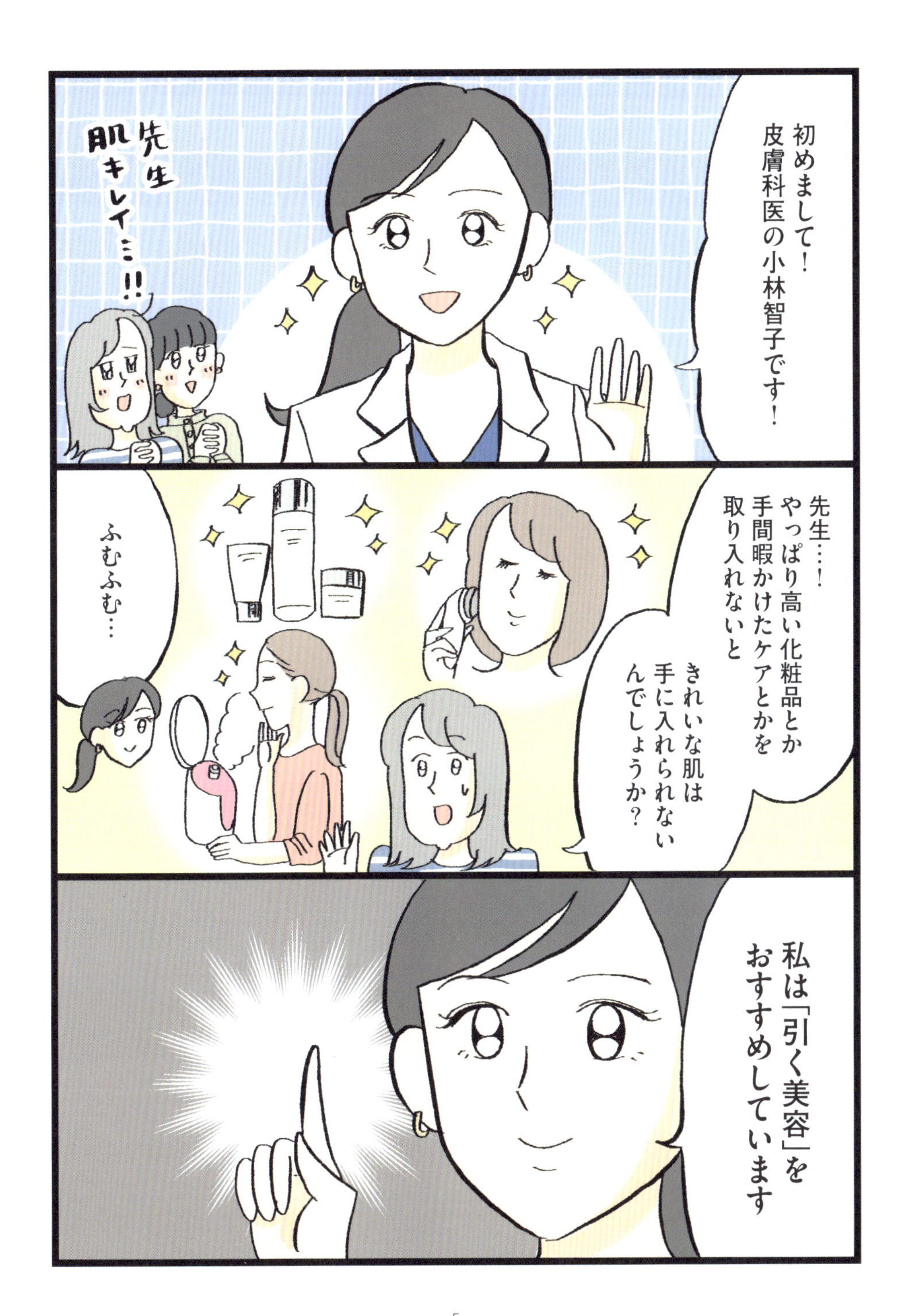
初めまして！
皮膚科医の小林智子です！
先生
肌キレイ〜!!
先生…！
やっぱり高い化粧品とか
手間暇かけたケアとかを
取り入れないと
きれいな肌は
手に入れられない
んでしょうか？
ふむふむ…
私は「引く美容」を
おすすめしています

引く美容⁉
ってて？
今のスキンケアは
実はやらなくていいこと
ばかりなんです
そうなんですか⁉
たとえば私は保湿に
化粧水だけしか
使わないときも
あります
SKIN LOTION
化粧水だけ⁉
いいんですか⁉
保湿アイテムの使いすぎは
肌への刺激になるので
多くても３つ以内がおすすめです
foam
UV
時間もお金もかけなくても
今の習慣を少し変えるだけで
きれいなすっぴん肌を
手に入れられるんですよ

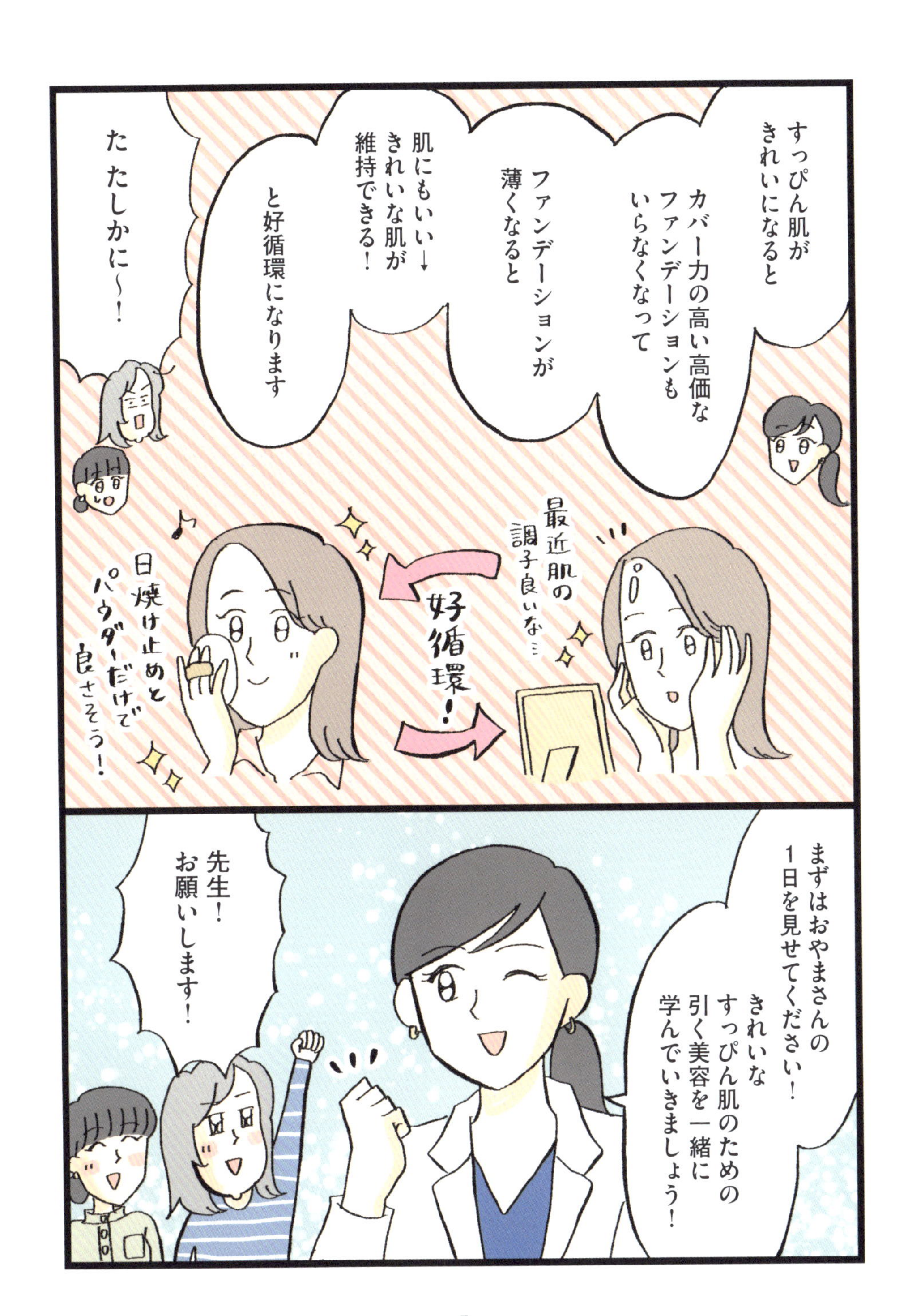
すっぴん肌がきれいになると
カバー力の高い高価なファンデーションもいらなくなって
ファンデーションが薄くなると
肌にもいい↓きれいな肌が維持できる！
と好循環になります
たたしかに〜！
最近肌の調子良いな〜
好循環！
日焼け止めとパウダーだけで良さそう！
まずはおやまさんの1日を見せてください！
きれいなすっぴん肌のための引く美容を一緒に学んでいきましょう！
先生！お願いします！

Lesson 1

# バタバタな朝　時間と手間を「引く」…11

Lesson 2

# くたくたな夜　刺激とストレスを「引く」…63

# Contents

バタバタな朝

Lesson 3

くたくたな夜



お悩み対策

Hiku-Biyou

当てはまるあなたは
「引く美容」を試してみて！

# やりすぎスキンケア
# ☑チェックリスト

---

- □ 保湿アイテムは
  とりあえずライン使い
- □ 今使っているアイテムが
  自分に合っているかわからない
- □ 化粧水はたっぷり使うのが大切だ
- □ メイクは帰宅したら急いで落とす
- □ 時間をかけて洗顔している
- □ SNSでバズった商品をすぐに試す

Lesson

1

# バタバタな朝
# 時間と手間を
# 「引く」

# 優しく素早く丁寧に！「シンプル洗顔」で肌が変わる

冷水でひきしめ！
バシャ
バシャ
にゅる
にゅる
早く早く
foam
にゅるっ
ゴシ
ゴシ
ちょっと待った〜！
STOP!
先生!?
まずMさん！
よほど乾燥肌の人以外は朝も洗顔料を使って洗顔するのがおすすめです！
えっ
そうなんですか!?

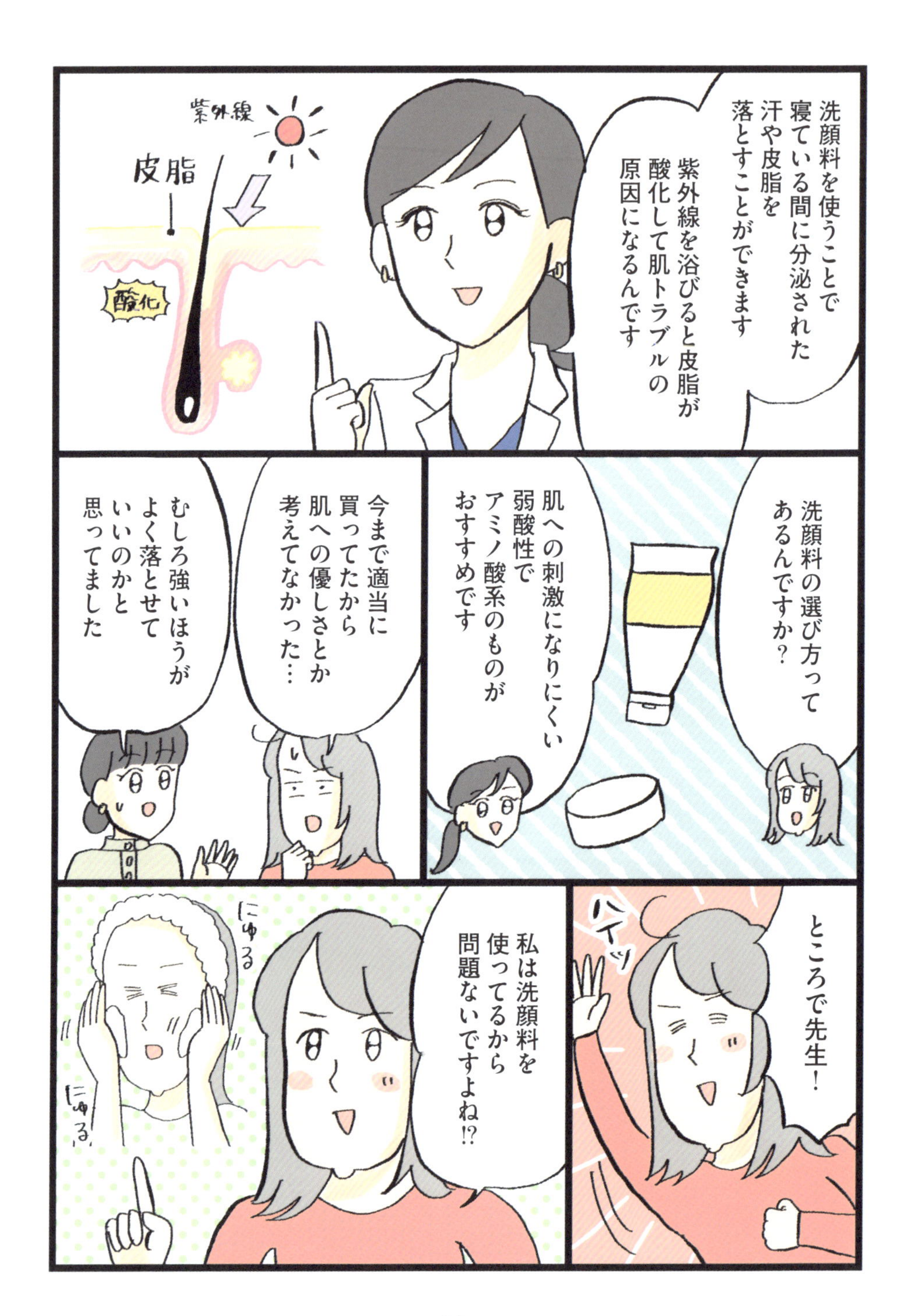
洗顔料を使うことで寝ている間に分泌された汗や皮脂を落とすことができます
紫外線を浴びると皮脂が酸化して肌トラブルの原因になるんです
紫外線
皮脂
酸化
洗顔料の選び方ってあるんですか？
肌への刺激になりにくい弱酸性でアミノ酸系のものがおすすめです
今まで適当に買ってたから肌への優しさとか考えてなかった…
むしろ強いほうがよく落とせていいのかと思ってました
ところで先生！
ハイッ
私は洗顔料を使ってるから問題ないですよね⁉
にゅる
にゅる

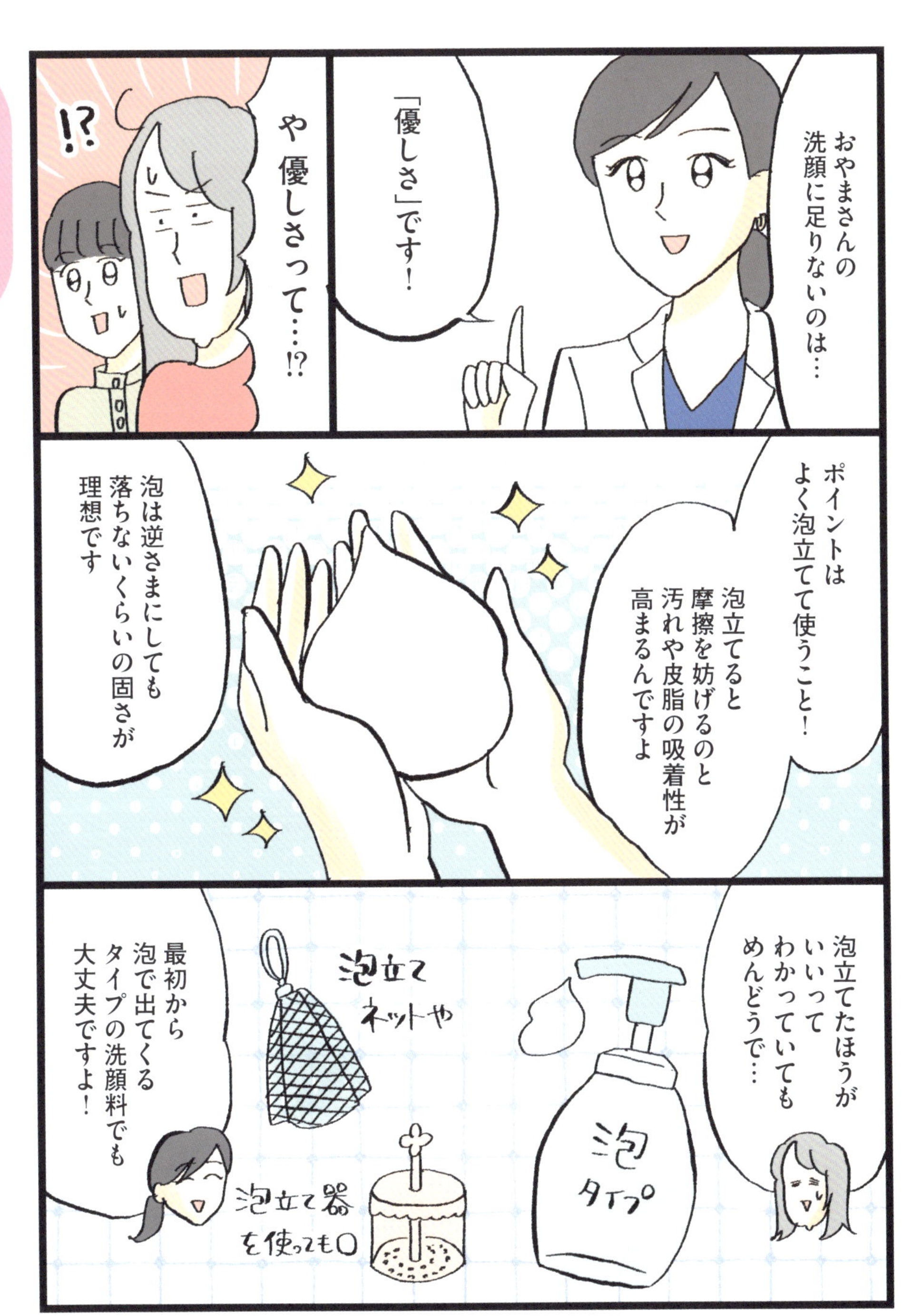
おやまさんの
洗顔に足りないのは…
「優しさ」です！
や優しさって…!?
!?
ポイントは
よく泡立てて使うこと！
泡立てると
摩擦を妨げるのと
汚れや皮脂の吸着性が
高まるんですよ
泡は逆さまにしても
落ちないくらいの固さが
理想です
泡立てたほうが
いいって
わかっていても
めんどうで…
最初から
泡で出てくる
タイプの洗顔料でも
大丈夫ですよ！
泡立て
ネットや
泡立て器
を使っても○
泡
タイプ

泡立てたら肌を
こすらないように
注意しながら
優しく当ててなじませて！
まずは
Tゾーン
から！
皮脂が多いところから
洗うようにすると
頬などの
乾燥しやすい部位は
洗顔料を置く時間が
短くなりますよ
なるほど〜！
早速やってみます！
丁寧にゆっくり洗って…
ゆ〜っくり
ゆ〜っくり
過剰な洗顔は
乾燥の元です！
30秒くらいで
済ませましょう
洗い流すときは
38〜39℃の
ぬるま湯で
流しましょう
えっ
冷水のほうが
肌が引き締まるん
じゃないですか？
冷水だと汚れが
落ちにくいのと
冷水をかけても
毛穴は閉じないんですよ
ガーン
そうなん
ですね…！
無駄に冷たい水
浴びてた…

洗い残りはニキビの原因にもなるのでよくすすいでくださいね
大体5〜6回で流せると思います
髪の生え際やあごも忘れずに！
摩擦が起こらないように優しく拭きましょう
ポン
ポン
いつも洗顔直後はつっぱってたのに今日はしっとりしてる気がする…！
いつも洗いすぎてたのかも…
さっ次は保湿保湿っと…
♪
保湿は待って〜！
わっ
次は肌タイプをチェックしてみましょう！

# 自分に足りないものがわかる「肌タイプ診断」

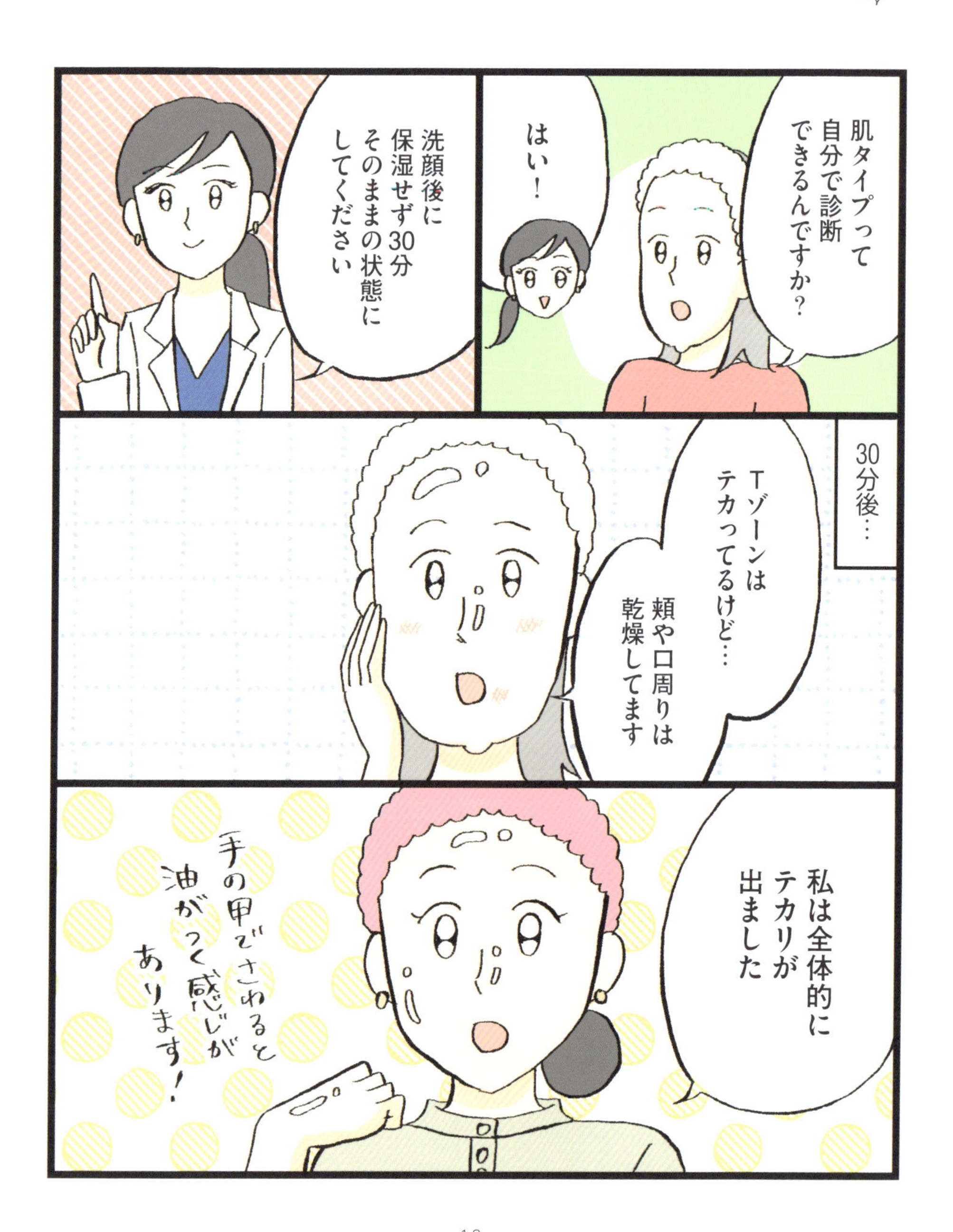

ちなみに肌全体がつっぱる場合は乾燥肌の可能性が高いです

水分量が正常

30分後肌は…  テカりもつっぱりもしない

30分後肌は…  テカる

**普通肌**

・肌トラブルが少ない

・皮脂、水分量が適切

**脂性肌**

・毛穴が開きやすい

・ニキビになりやすい

皮脂量が少ない ← → 皮脂量が多い

30分後肌は…  つっぱる

30分後肌は…  テカる部分とつっぱる部分がある

**乾燥肌**

・肌がかさつく

・つっぱりが気になる

**混合肌**

・Tゾーンがべたつく

・目元口元はかさつく

水分量が少ない

そういえば昔は全体的にテカってたけど
10代〜20代
テカ
テカ
30代
テカ
カサ
年々乾燥する箇所が増えてる気がするんですよね…
肌タイプって変化するものなんでしょうか？
おっしゃる通り肌質は季節や年齢によっても変化するものです
自分のタイプはコレ！と決めつけずによく観察してみましょう
観察！
わかりました！

テカリもつっぱりもない
我が子の黄金肌が
うらやましい…
とぅるん
とぅるん

# アイテム増やしすぎてない？
# スキンケアは「3つで十分」

Mさんは元々
油分が多い
タイプだから
乳液やクリームを
重ねることで
油分が過剰になって
しまっているのかも
全体的にテカる
脂性肌
化粧水だけ使うって
考えたこと
なかったです……！
保湿アイテムって
セットで使うもの
なのかと思って
ましたよね……！
うんうん
そういえば…
ハッ
最近化粧水をつけると
肌がピリッとする
気がするんですけど
この場合は
どうしたらいいんで
しょうか…!?
なんか
ピリ
ピリ
染みてる…？
はい！
水は肌が敏感なときには
刺激になりやすいので
そういうときは
化粧水はスキップして
乳液やクリームを
塗るのがいいですよ
スキップ
してもいいん
ですね！

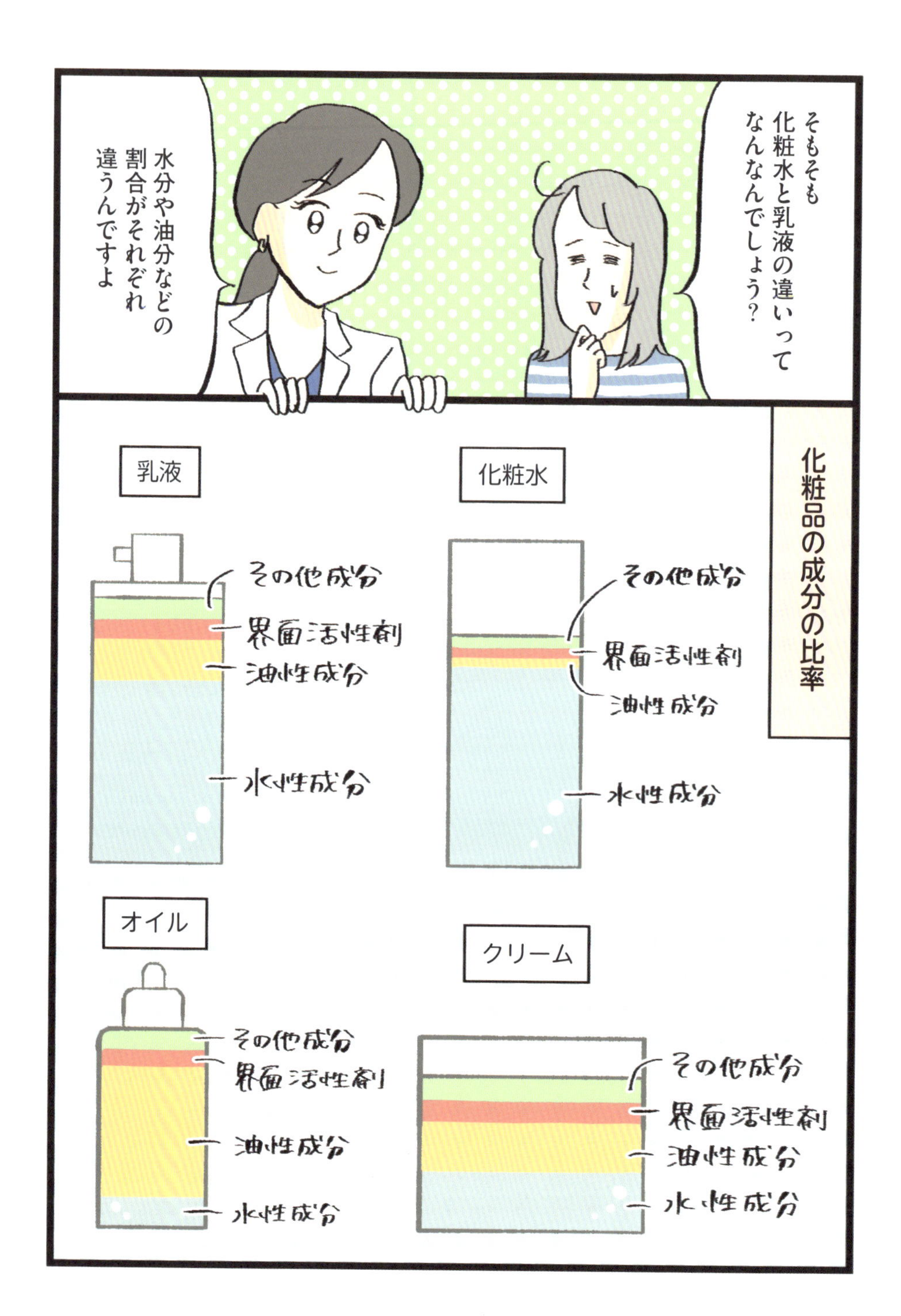
そもそも
化粧水と乳液の違いって
なんなんでしょう？
水分や油分などの
割合がそれぞれ
違うんですよ
化粧品の成分の比率
化粧水
その他成分
界面活性剤
油性成分
水性成分
乳液
その他成分
界面活性剤
油性成分
水性成分
クリーム
その他成分
界面活性剤
油性成分
水性成分
オイル
その他成分
界面活性剤
油性成分
水性成分

ただなんとなく
保湿アイテムをラインで
使うのではなく
自分の肌の状態を見て
使い分けたり
足したり引いたり
することが
大事なんですよ
なるほど～！
自分の肌をよく
観察しなくては…！
ちなみに
保湿アイテムを
たくさん使うのって
肌に効果的
なんでしょうか？
足せば足すほど
肌への摩擦を
増やすことに
なるので
使うアイテムは
少ないほうが
いいですよ
大体3つまでにおさえるのが○
よしっ
これからは
もっと
自分の肌と
向き合います！
私たち
基本的なところを
忘れていたような
気がしますね…！

# バシャバシャ使いは意味がない？ 化粧水は「サッとプレス」

角質に入る水分の量は決まっているので
化粧水をバシャバシャ使うのはあまり意味がないんですよ
使った分肌に浸透するのかと…！
もったいないことしてた…！
どんまいです…
それとパッティングは肌への刺激になるのでやめましょう
サッとでOK！
化粧水は手のひらを使って軽く押さえるようにつけるだけで十分です
そうなんですね…！
乳液やクリームは点置きして伸ばすと
擦り込みでの摩擦なく全体に行き渡りますよ
なるほど〜！

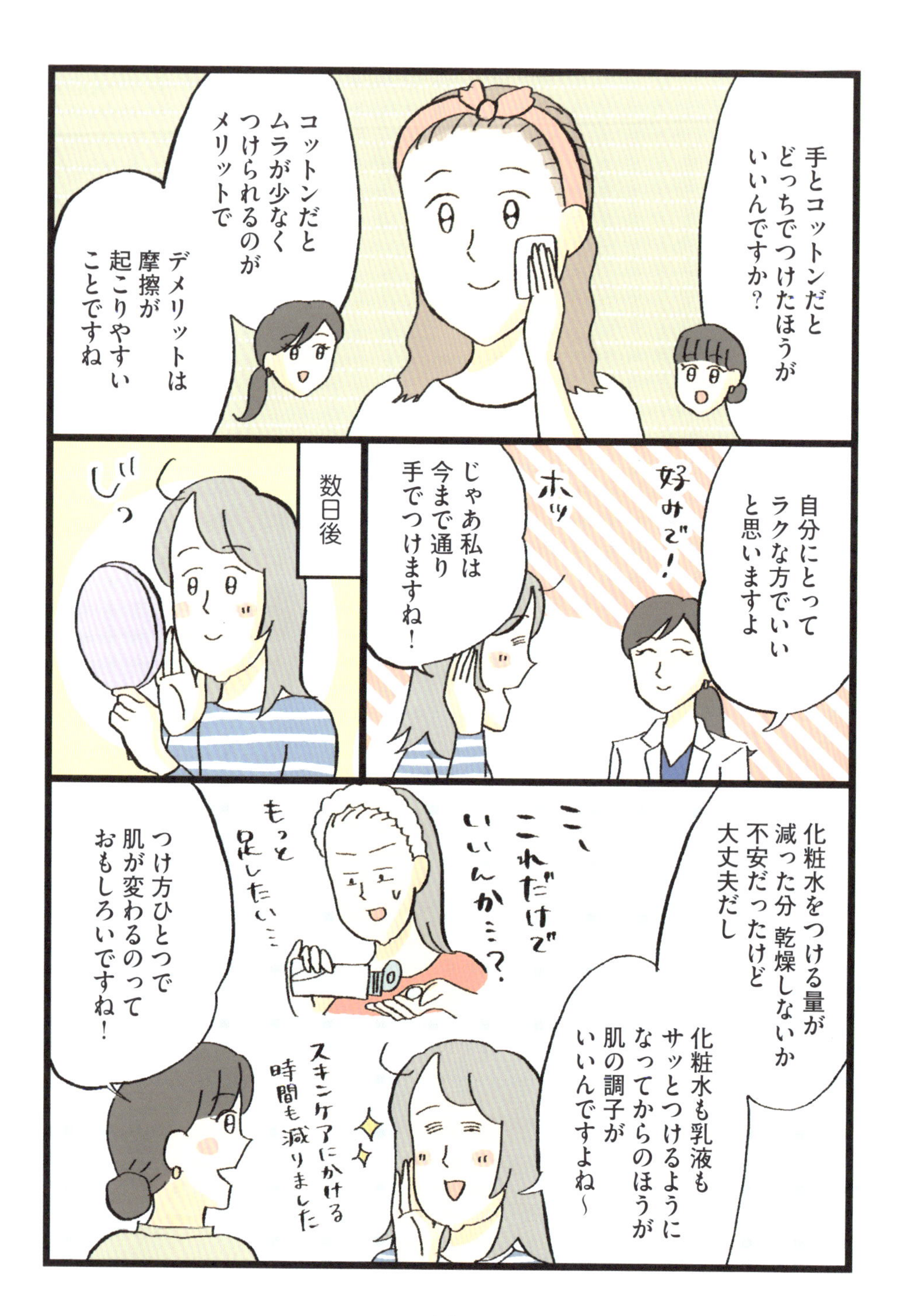
手とコットンだと どっちでつけたほうが いいんですか？
コットンだと ムラが少なく つけられるのが メリットで
デメリットは 摩擦が 起こりやすい ことですね
自分にとって ラクな方でいい と思いますよ
好みで！
ホッ
じゃあ私は 今まで通り 手でつけますね！
数日後
じーっ
こ、 これだけで いいんか…？
もっと 足したい…
化粧水をつける量が 減った分 乾燥しないか 不安だったけど 大丈夫だし
化粧水も乳液も サッとつけるように なってからのほうが 肌の調子が いいんですよね〜
スキンケアにかける 時間も減りました
つけ方ひとつで 肌が変わるのって おもしろいですね！

少量でいいなら
ちょっと良いやつにも
チャレンジしやすい！
憧れの…

# 新しもの好きさんちょっと待って！
# 「アイテム変更は１つずつ」

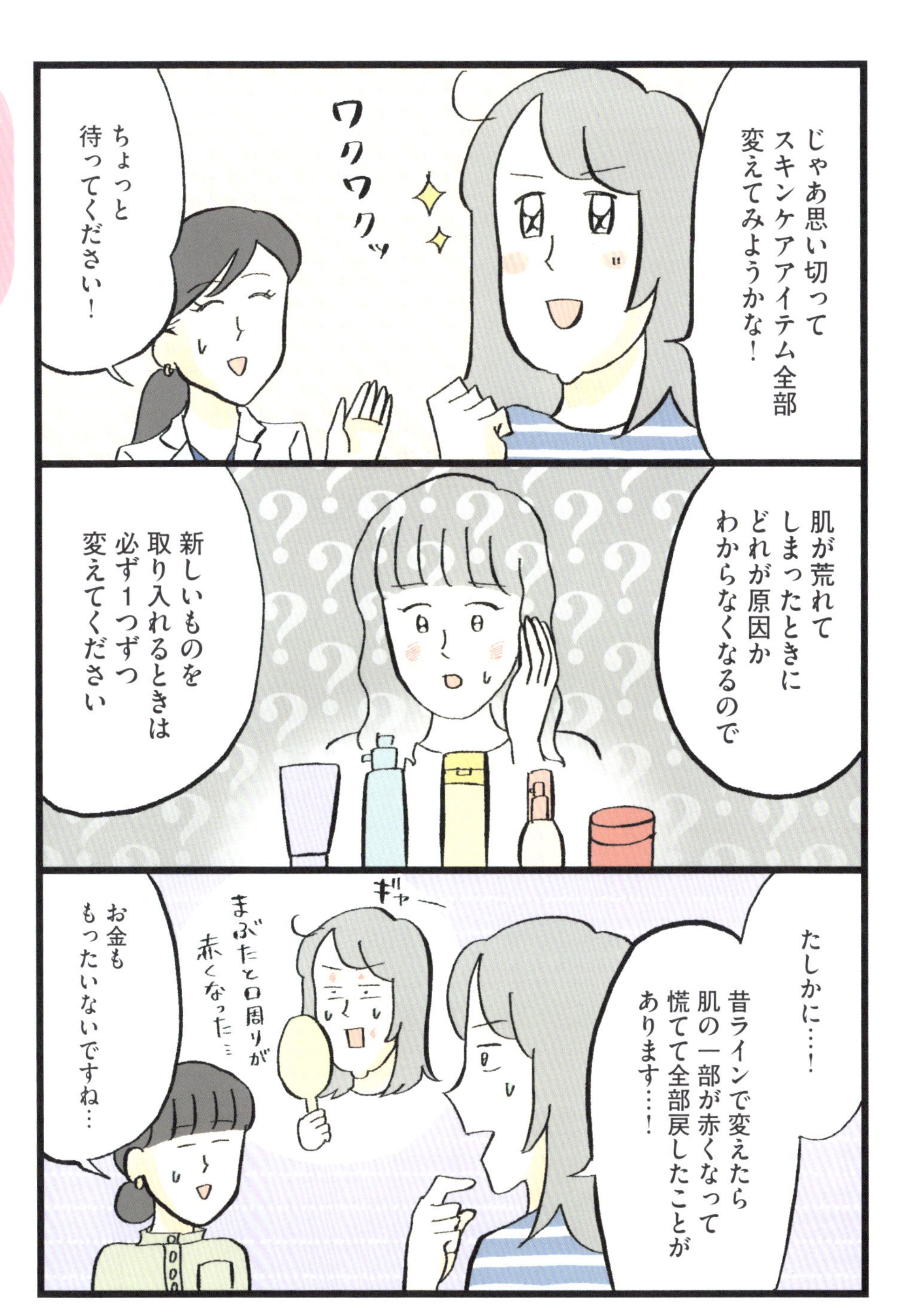
じゃあ思い切って
スキンケアアイテム全部
変えてみようかな！
ワクワクワクッ
ちょっと
待ってください！
肌が荒れて
しまったときに
どれが原因か
わからなくなるので
新しいものを
取り入れるときは
必ず1つずつ
変えてください
たしかに…！
昔ラインで変えたら
肌の一部が赤くなって
慌てて全部戻したことが
あります…！
ギャー
まぶたと口周りが
赤くなった…
お金も
もったいないですね…

新しいものに
変えたら
大体どのくらいの期間
様子を見たら
いいんですか？
ピリピリ
肌に合わない場合は
塗った直後に
ピリピリしたり
または数日で肌に
変化が出ると思います
ただ 成分の
効果が出るには
数か月ほど
かかると思います
数ヶ月…！
結構かかるん
ですね〜…！
ちなみに
スキンケア用品って
使用期限とか
あるんですか？
未開封のものは
2〜3年程度で
開封したものは
半年をめどに
使い切ったほうが
いいと思います
2〜3年
半年
ビタミンCなどは
ワンシーズンで
使い切って
ほしいですね

棚から使いかけの
スキンケア用品が
出てきた…

合わなくて使うの
やめたやつ…
これどうしよ…

# 毎日しなくてOK！
# 正しい「シートマスクのメリット」

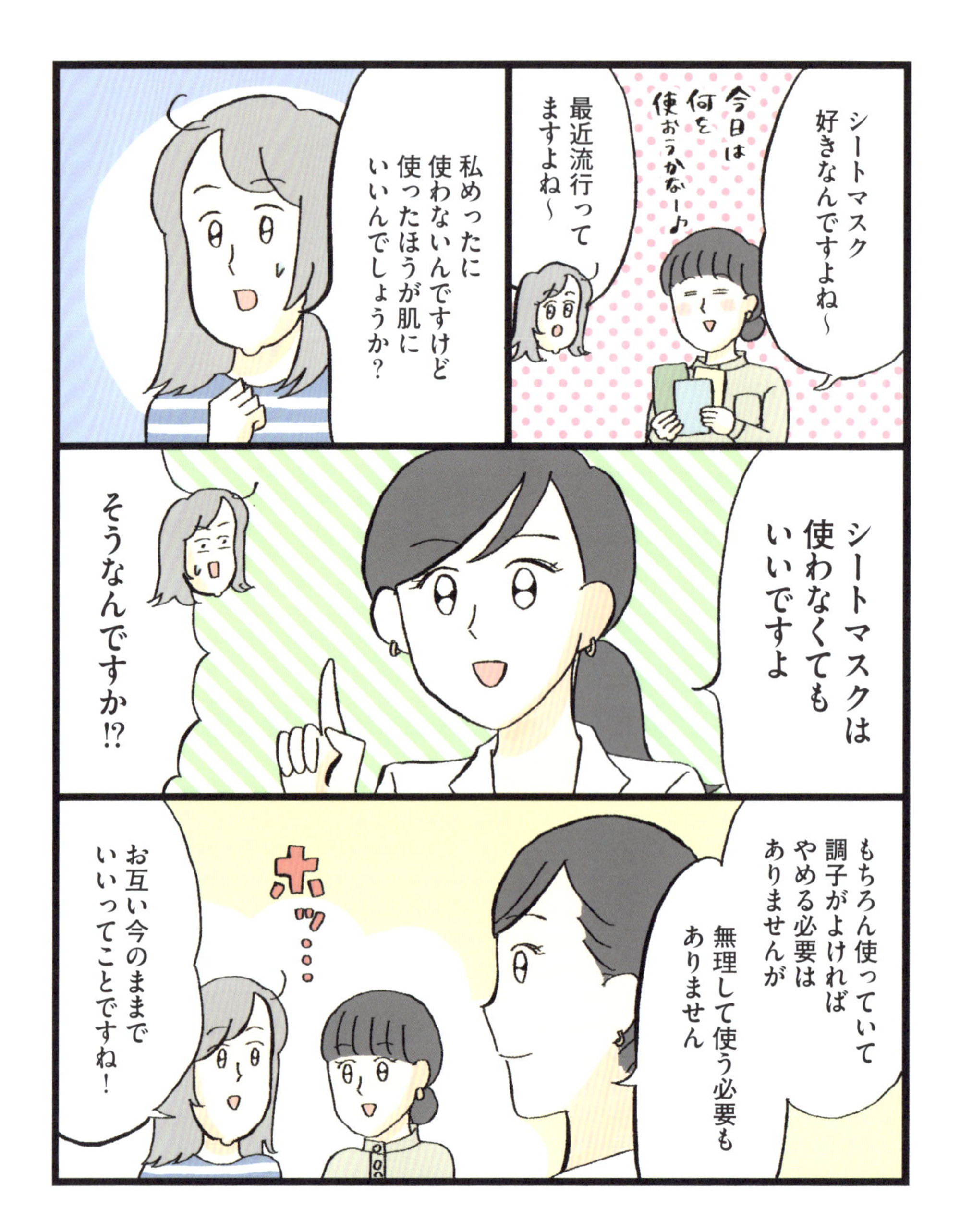

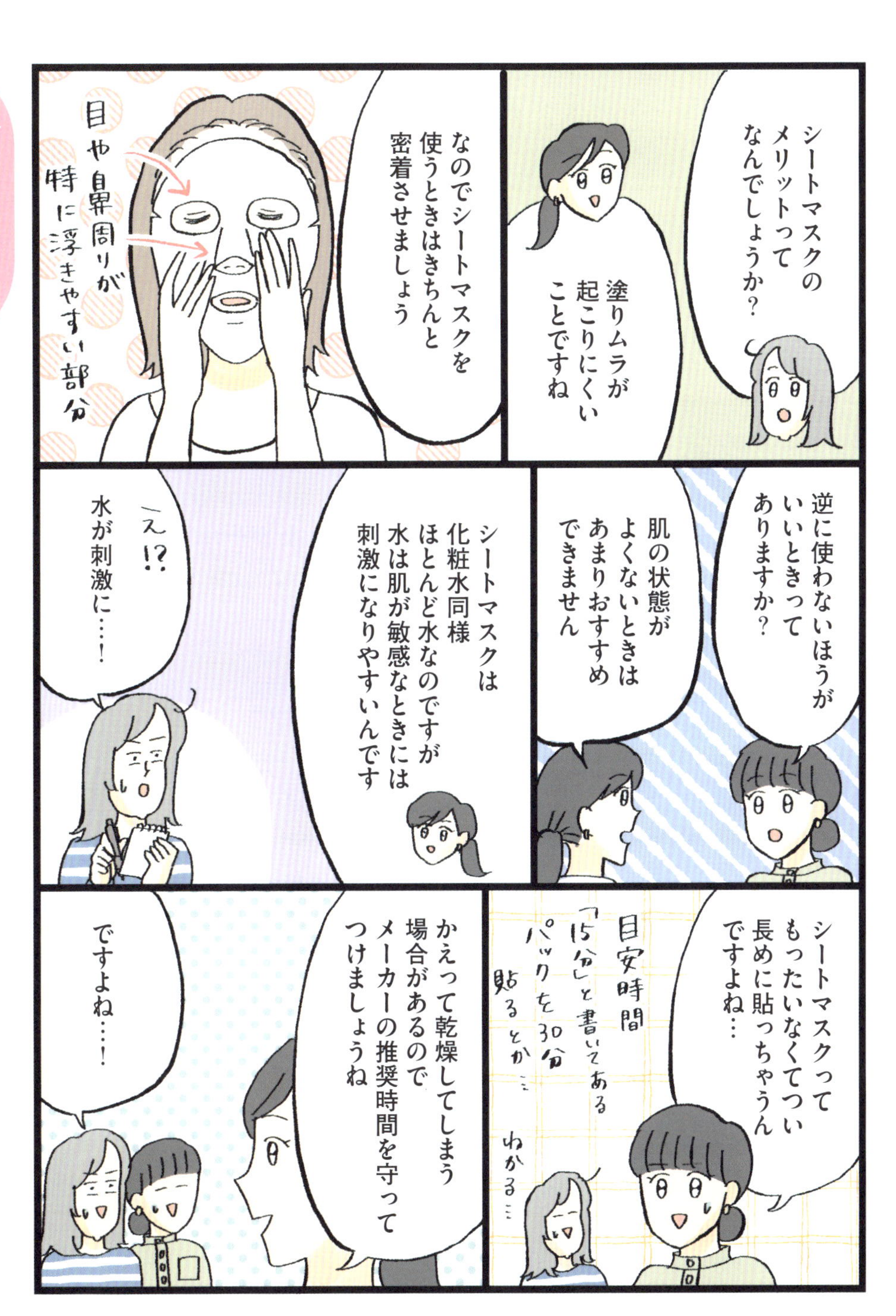
シートマスクのメリットってなんでしょうか？
塗りムラが起こりにくいことですね
なのでシートマスクを使うときはきちんと密着させましょう
目や鼻周りが特に浮きやすい部分
逆に使わないほうがいいときってありますか？
肌の状態がよくないときはあまりおすすめできません
シートマスクは化粧水同様ほとんど水なのですが水は肌が敏感なときには刺激になりやすいんです
へえ!?
水が刺激に…！
シートマスクってもったいなくてつい長めに貼っちゃうんですよね…
目安時間「15分」と書いてあるパックを30分貼るとか…
わかる…
かえって乾燥してしまう場合があるのでメーカーの推奨時間を守ってつけましょうね
ですよね…！

夜
久しぶりに
シートマスク
使ってみよっと！
コンビニで
買ってきた
MASK
ピタッ
うまく
貼れた
ビクッ
普段めんどくさがって
あんまり使わないけど…
つけてるとき
家事できるのもよき
シートマスクって
スペシャルなケア
って感じで
テンション上がるなあ〜
はっ
10分経ったから
剥がさなきゃ！
まだ
使えそう
だなあ…
しっとり
とったマスクで
首やデコルテも
拭きました
これで
もったいなく
ない

編集M
私は愛好家です
楽なので〜
ブオー
お風呂上がって
ドライヤー中に貼ってます

コラム 1

小林智子先生

# スキンケアをしないとどうなるの？
# スキンケアの基本の「き」

毎日のルーティンにスキンケア。当たり前ですよね。
ではなんで私たちはスキンケアをするのでしょう？
肌の細胞は常に生まれ変わっているので、何もしなくても問題なさそうです。

では、スキンケアを何もしないとどうなるか、考えてみましょう。

まず、**紫外線（UV）に対して防御力ゼロ**になります。
紫外線はシミだけでなくシワやたるみなどのエイジングサインや、
ニキビや毛穴の状態悪化など、様々な肌トラブルの原因となります。

紫外線から肌を守ろう！と思ったら、やはり日焼け止めが必要になりますね。
で、日焼け止めを塗ったらそれを落とす行為が必要になってきます。
つまり「洗顔」です。

洗顔の目的は、メイクなどの汚れを落とすことです。
落とさないと日焼け止めなどの**油分が酸化され、肌の炎症**をもたらします。
なので、適切な洗顔が必要となってくるのです。

Column

洗顔は、汚れだけがうまく落ちればいいのですが、
**肌の保湿成分が流出**することがあります。
そして、それをそのままにしてしまうと乾燥してしまいます。

これを防ぐのが「保湿」です。
保湿アイテムによって適切な保湿を行うことで、
健やかな肌細胞が作られます。

スキンケアの基本とは、この
◎**UVケア**
◎**洗顔**
◎**保湿**
の3つになります。

この3つはこのようにそれぞれ必要な理由があるのです。
こうやってその意味がわかると、スキンケアももっと楽しくなりますよね。
スキンケアは基本が重要です。ぜひ、覚えてくださいね。

## 「老化の8割は紫外線」UV対策は365日

肌の老化の約8割は「光老化」が原因なんです！
光老化って⁉
紫外線による肌の老化のことです
私たちが日常浴びている紫外線にはUVAとUVBの2種類があります
UVAはシワやたるみの原因になり
UVBはシミの原因になります
UVA
UVB
シワ
たるみ
シミ
表皮
真皮

UVAは
季節によって量は変われど
一年中降り注いでいるため
年間を通しての
ケアが必要なんです
一年中…！
仕事は基本
家の中なので
私は
大丈夫ですよね？
家の中でもです！
紫外線は曇りの日や
家の中にも
降り注いでいますから
ちなみに日焼け止めの
「SPF」はUVBに
「PA」はUVAに
対する防御効果を
数値化したものです
UV
SPF30
PA++++
SPF50
PA++++
あれって
そういう意味
だったんですね！

PAは＋＋＋以上のものがおすすめです

| PA＋ | 効果がある |
| --- | --- |
| PA＋＋ | かなり効果がある |
| PA＋＋＋ | 非常に効果がある |
| PA＋＋＋＋ | 極めて高い効果がある |

日焼け止めを買うときの参考にします！

歯磨きと同じ！とにかくまずは日焼け止めを塗るのを習慣にしましょう！

50

うすーく伸ばしても効果半減！
「日焼け止めは指２本」

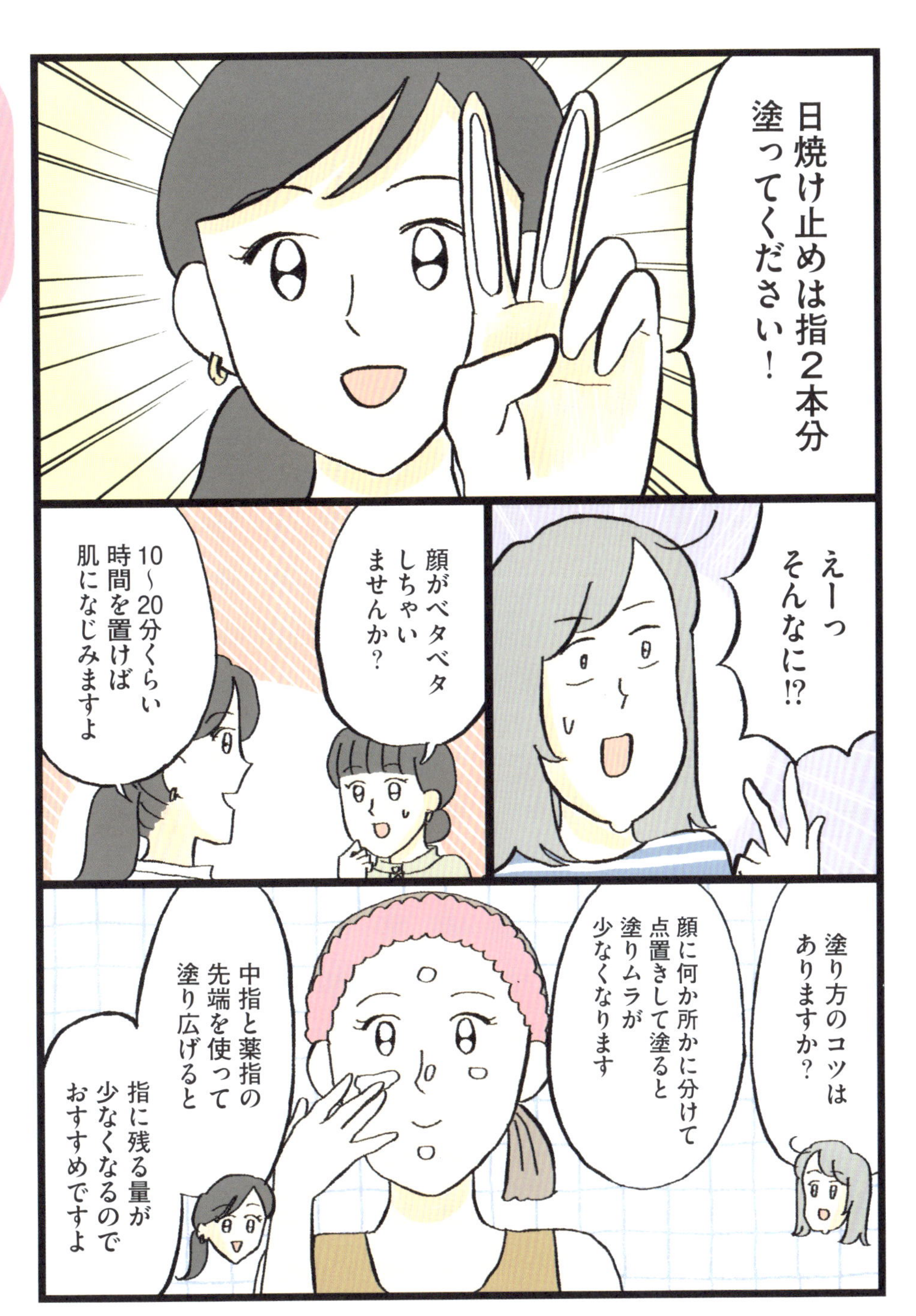
日焼け止めは指2本分塗ってください！
えーっそんなに!?
顔がベタベタしちゃいませんか？
10～20分くらい時間を置けば肌になじみますよ
塗り方のコツはありますか？
顔に何か所かに分けて点置きして塗ると塗りムラが少なくなります
中指と薬指の先端を使って塗り広げると
指に残る量が少なくなるのでおすすめですよ

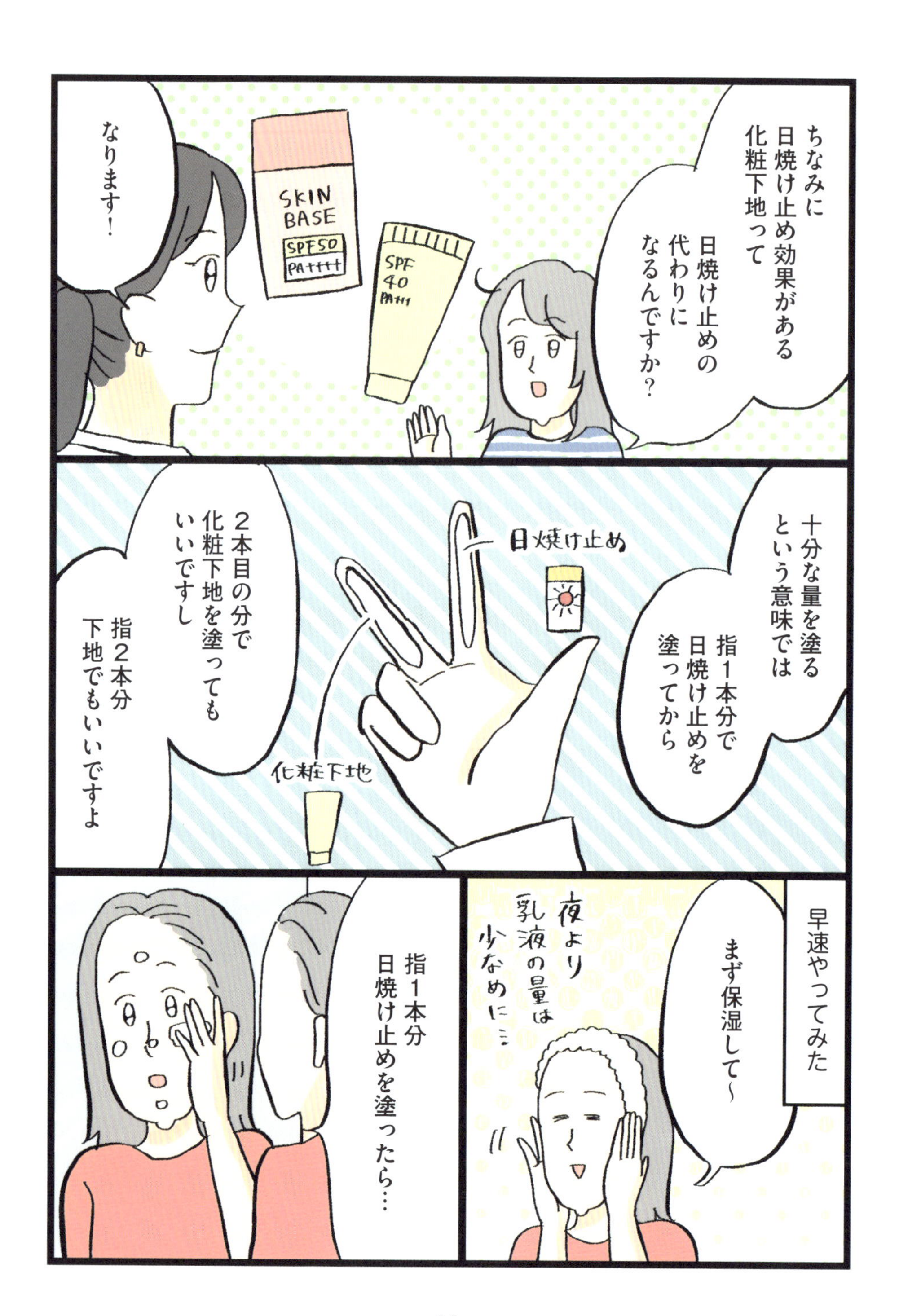
ちなみに
日焼け止め効果がある
化粧下地って
日焼け止めの
代わりに
なるんですか？
なります！
SKIN BASE
SPF50
PA++++
SPF 40
PA+++
十分な量を塗る
という意味では
指1本分で
日焼け止めを
塗ってから
日焼け止め
化粧下地
2本目の分で
化粧下地を塗っても
いいですし
指2本分
下地でもいいですよ
早速やってみた
まず保湿して〜
夜より
乳液の量は
少なめに
指1本分
日焼け止めを塗ったら…

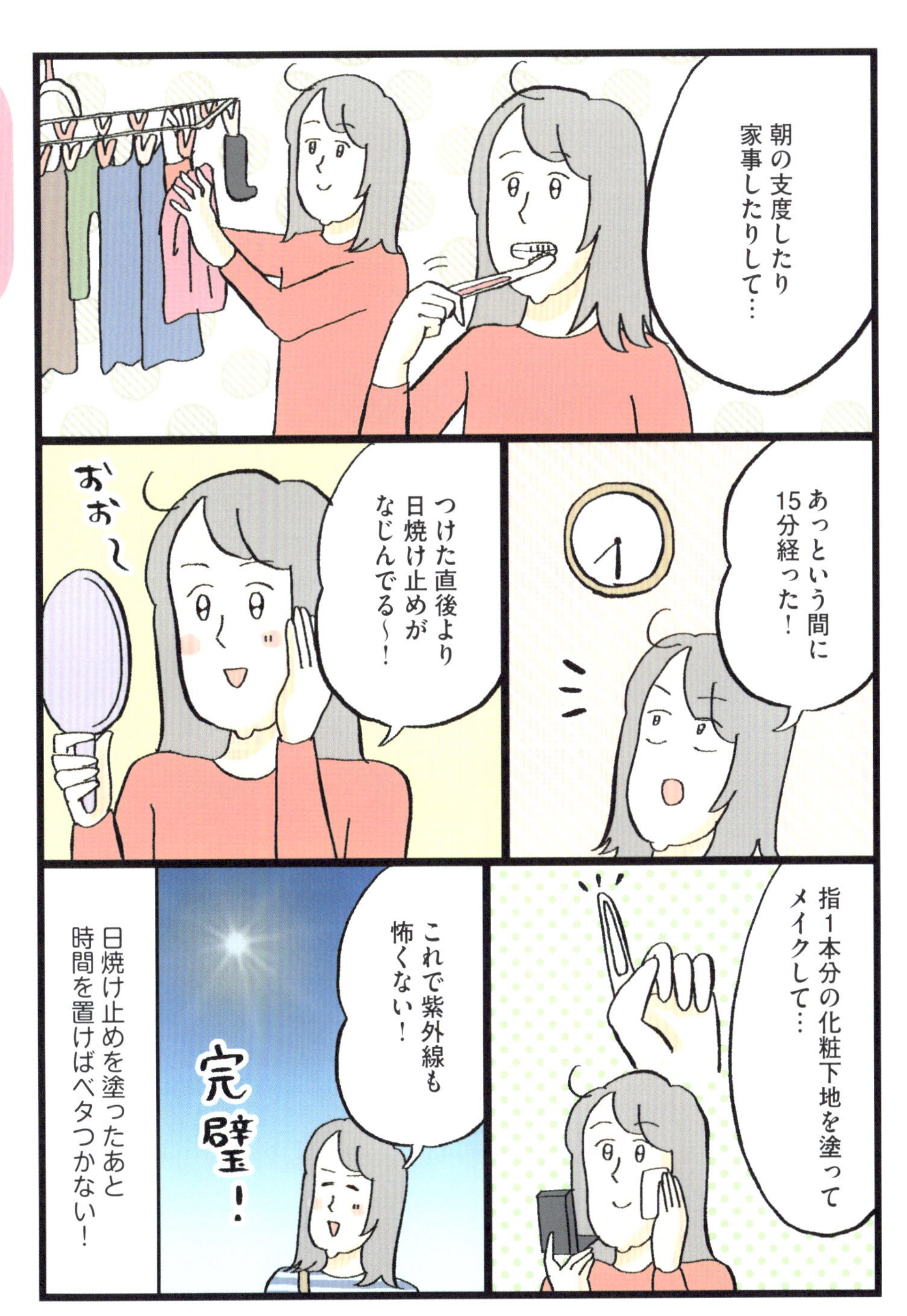
朝の支度したり
家事したりして…
あっという間に
15分経った！
つけた直後より
日焼け止めが
なじんでる～！
おお～
指1本分の化粧下地を塗って
メイクして…
これで紫外線も
怖くない！
完璧！
日焼け止めを塗ったあと
時間を置けばベタつかない！

# 抗酸化成分でサビない身体に「内側からのUV対策」

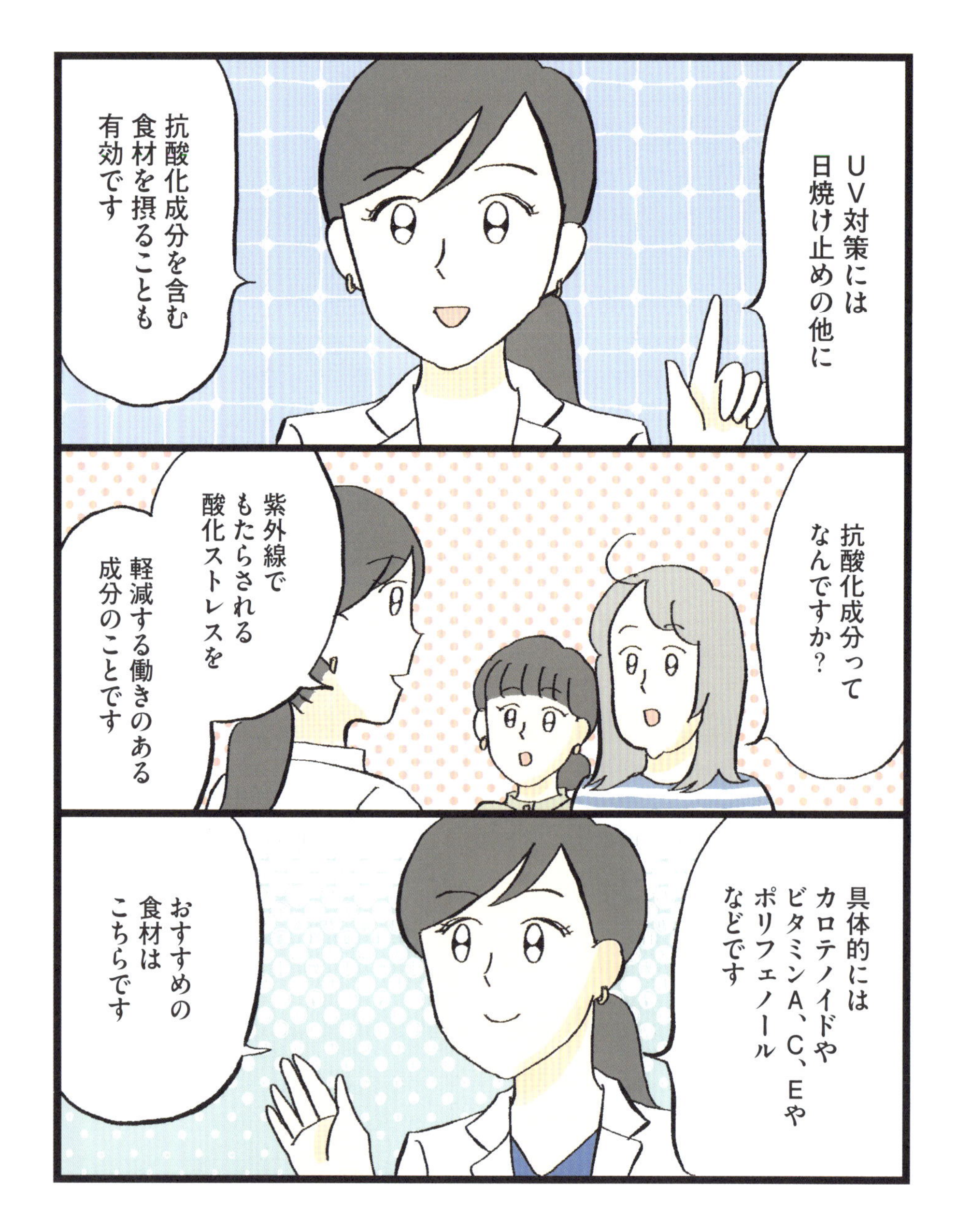

## 美白におすすめな食材

トマト
にんじん
レモン
アボカド
りんご
パプリカ
ほうれん草
プルーン
ブロッコリースプラウト
スモークサーモン
ナッツ
コーヒー

手軽に取り入れるには朝トマトジュースを1杯飲むのがおすすめですよ
それならできそう!
抗酸化ケア始めてみます!

コラム②

# UVケアは未来への投資！紫外線がよくない３つの理由

小林智子先生

みなさんは、UVケアがしっかりできていると胸を張って言えますか？
私を含め皮膚科医は、スキンケアでは
UVケアが非常に重要だと口すっぱく言います。
なぜそんなにUVケアが重要なのでしょう？
紫外線ってそんなに悪いものなのでしょうか？

実は、紫外線にはいい面もあります。
たとえば、紫外線は私たちのからだに必要な
**ビタミンDの合成を促す作用**があります。

ただ、やはり悪い面のほうがずっと大きいのが残念ながら事実です。

まず、紫外線を過度に浴びると**日焼け**します。
日焼けすると肌が赤くなったりヒリヒリしたりしてしまいますね。

次に、長期に浴びた場合、**皮膚がんを引き起こすリスク**が高まります。
皮膚がんは特に白人でなりやすい傾向にありますが、

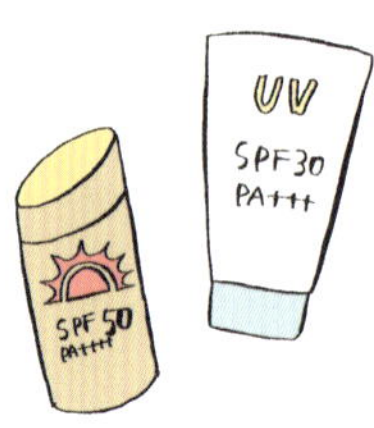

Column

最悪、命を落とすこともあります。

そして、最後に忘れてはならないのが老化現象です。
具体的には**シミ、シワ、たるみ**といったものが挙げられます。
これらは個人差があるものの、40歳前後に深刻になってくることが多いです。

UVケアで本当に怖いのはこのような長期的な問題です。
しっかりUVケアをやらないと後で大変なことになるのです。
注意したいのは、後から高価な化粧品や美容医療に手を出したとしても、
UVケアが徹底されていないと
**ザルに水を入れるのと同じ**で意味がないことです。

UVケアとは未来への投資。
若いときからしっかりやっておくと後からの負担はずっと軽くなります。
そして今からでも遅くありません。
ぜひ一度見直してみましょう。

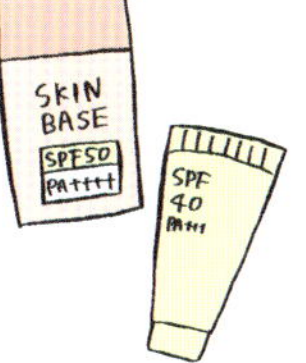

## 美容のウワサ　あれって本当？

## ウワサ①「白湯を飲むべし」

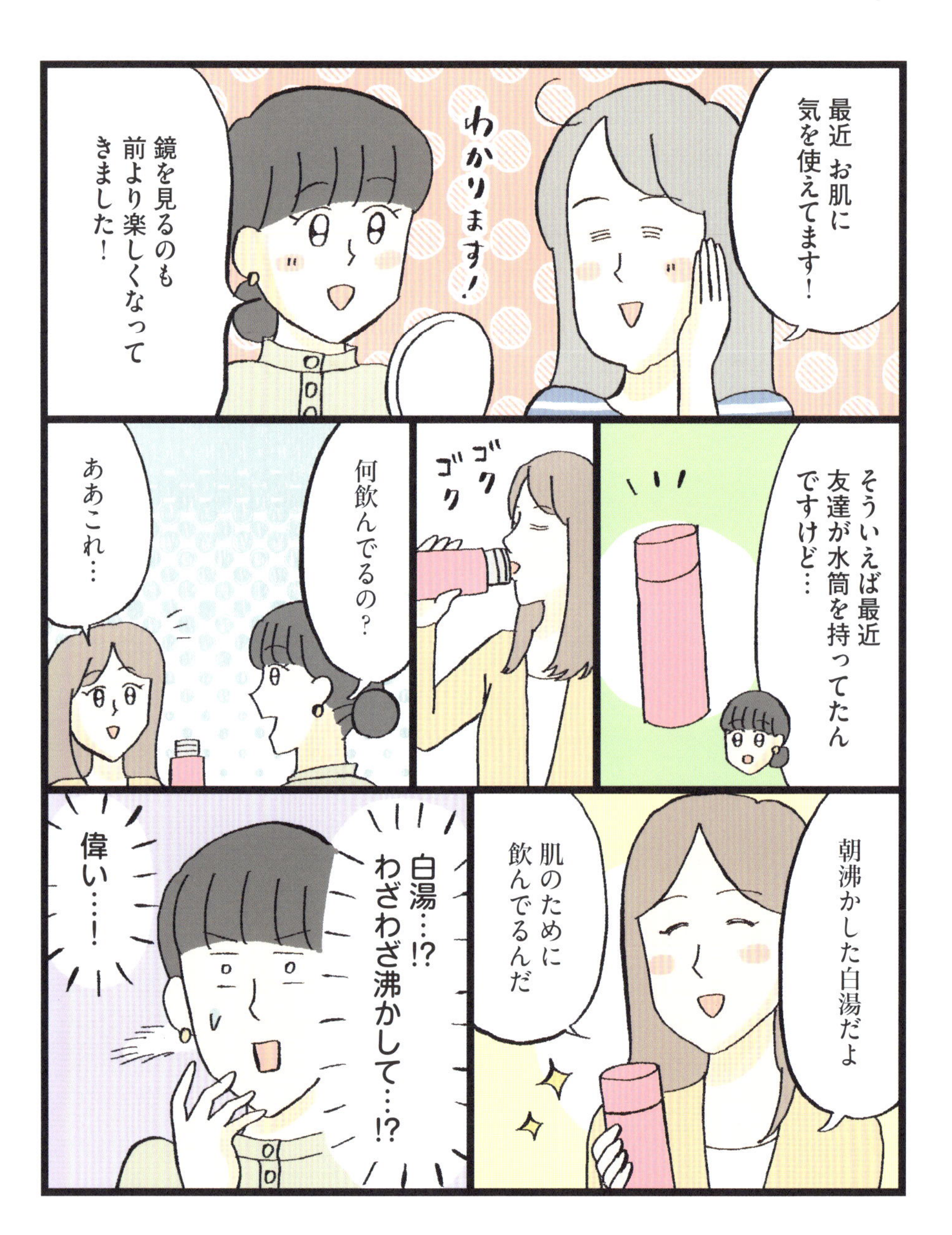

朝から白湯を作るなんて
私にはできないなって
思っちゃって…
私もめんどくさくて
無理です
朝の一杯は
白湯を飲むと
肌にいいって
聞きますよね～
必ずしも
白湯にこだわる必要は
ないですよ
水道水や
お茶でも
いいんですか？
はい！
ちなみにモデルさんとかが
一日2～3リットル
水を飲んだほうがいいって
言ってるのを
ネットで見たこと
あるんですけど…

そんなに
がんばって飲まなくても
大丈夫ですよ
水をこまめに飲むのは
大事ですが
食品からも水分は摂取
できているので
水として2リットル
飲まなきゃいけない
わけじゃないんです
そうだったんですね！
なんか
安心
しました〜！
水として飲むなら
レモンやお酢を
加えるのも
おすすめです
レモン水
酢
ビネガー水
血糖値の上昇を
抑える効果があるほか
紫外線ダメージによる
肌の酸化も
防いでくれるんです
あの〜…
レモンってやっぱり
生のものを絞ったほうが
いいんでしょうか…？
結構
手間だな〜
なんて…
市販のレモン水を
垂らすだけでも
大丈夫ですよ
それなら
できそう！

次の朝
子どもらの朝ごはん準備しなきゃ!
バタバタ
MILK
はっ
そういえば先生
「抗酸化作用のあるレモン水は朝に飲むのがおすすめです」
って言ってたな…
早速作ってみよ!
よし!
水道水汲んで〜
ジャー
レモン果汁を適当に垂らして〜
ピッ
ピッ
ゴクゴク
ぷはっ
さっぱりしておいしい!
1分足らずで作れるし朝から肌にいい飲み物を飲めて気分も上がるし
これなら続けられそう!
夫にもすすめてみよー♪

## ウワサ②「起きたら朝日を浴びるべし」

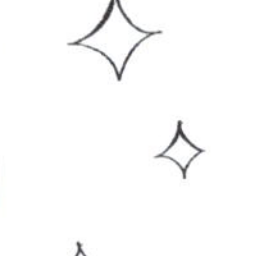

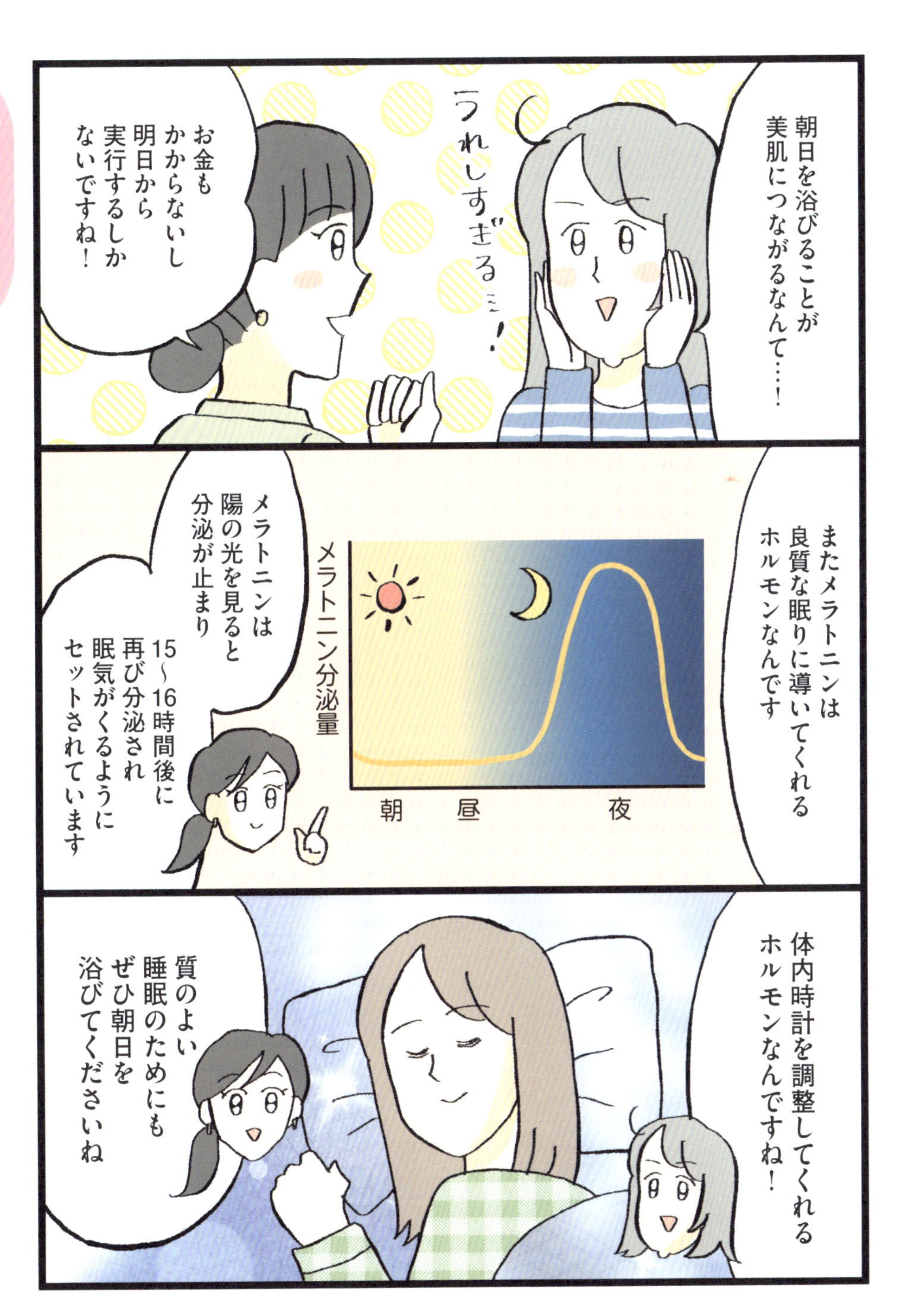
朝日を浴びることが美肌につながるなんて…!
うれしすぎるぅ!
お金もかからないし明日から実行するしかないですね!
またメラトニンは良質な眠りに導いてくれるホルモンなんです
メラトニン分泌量
朝
昼
夜
メラトニンは陽の光を見ると分泌が止まり
15〜16時間後に再び分泌され眠気がくるようにセットされています
体内時計を調整してくれるホルモンなんですね!
質のよい睡眠のためにもぜひ朝日を浴びてくださいね

# 忙しい朝の簡単朝ごはん①
# 抹茶オーバーナイトオーツ

# 抹茶オーバーナイトオーツ

- オートミール 50g
- アーモンドミルク 125ml
  ※なければ牛乳でも
- 抹茶パウダー 小さじ1
- メープルシロップ 小さじ1〜2
- チアシード（あれば） 大さじ1

A

- ブルーベリー
- バナナ
- アーモンド

A を混ぜて一晩寝かせる

抹茶のポリフェノールで抗酸化！

ブルーベリーはできればたっぷり！冷凍食品で常備も○

ビタミンEで抗酸化＆血流促進！

低糖質・低カロリー 葉酸や食物繊維も

抹茶がアクセントになっておいしい！

オートミールも柔らかいし冷凍ブルーベリーは持っておけば他のものにも使えそう！

おしゃれなカフェのごはんみたい♡

好きな果物を入れてアレンジしてもおいしいですよ

## 忙しい朝の簡単朝ごはん②
## アボカドトースト

# アボカドトースト

材料
- ライ麦パン 1枚
- A アボカド 1/4〜1/2個（熟れたものはマッシュ）
- A ゆで卵 1個
- A ブロッコリースーパースプラウト（あれば）
- カッテージチーズ 適量
- 塩、こしょう

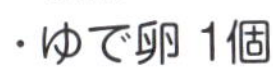

Aをパンにのせ
チーズ、塩、こしょうをかける

Hiku-Biyou

# 朝のスキンケア
# 3か条

## ①洗顔は
## 時間をかけずに優しく

しっかり泡立て、
さっと洗って、丁寧に流す

## ②保湿アイテムは
## 3つ以内

自分の肌に合ったアイテムを見極めよう

## ③日焼け止めは必須

指2本分の日焼け止めを
毎日の習慣に！

Lesson

# 2

# くたくたな夜
# 刺激とストレスを
# 「引く」

クレンジングと洗顔は「洗いとすすぎ」8：2でキレイに落とす

クレンジングで
一番大事なのは
「いつ落とすか」よりも
「手早くしっかり落とす」
ことです！
ファンデーションには
油分が含まれていて
その油分が酸化されて
肌トラブルを起こすので
メイクは洗い残りが
ないことが大事なんです
50+
PA++++
ウォータープルーフの
日焼け止めだけを
塗っているときや
石鹸落ちのコスメを
使っているときも
しっかりクレンジング
しましょう
たしかに…！
石鹸落ち
コスメって
石鹸だけじゃ
いつまでも
落としきれた
気がしなくて
まだぬるぬる
する…
ゴシ
ゴシ
結局ゴシゴシ
こすっちゃったり
してました…

朝の洗顔と同じように
クレンジングも
短時間で行うのが
ポイントですよ！
短時間…
短時間だとちゃんと
落とせているか
不安なんですよね～
「ちゃんと落とす」の
「ちゃんと」の基準が
わからないですよね
落としすぎると
つっぱるし
ぬるぬるするのは
落とせてない
気がするし…
クレンジングのあとは
洗顔料を使いますよね？
洗顔料とあわせて
しっかり落とせれば
大丈夫なんですよ

くたくたな夜
メイク落とし

# オイル＝つっぱるはもう古い！
# 「摩擦も時間も最小に」

くたくたな夜
メイク落とし

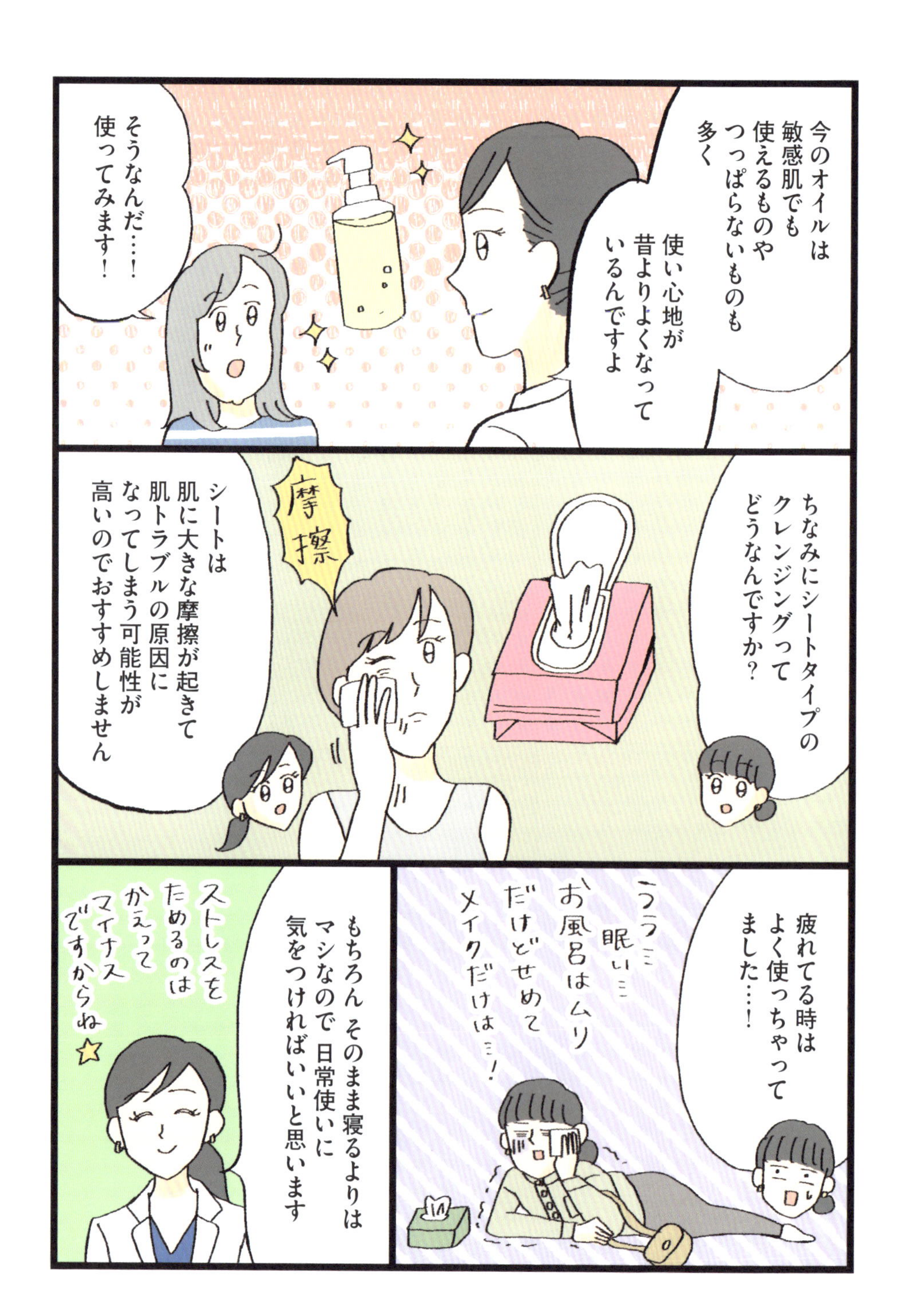
今のオイルは
敏感肌でも
使えるものや
つっぱらないものも
多く
使い心地が
昔よりよくなって
いるんですよ
そうなんだ…！
使ってみます！
ちなみにシートタイプの
クレンジングって
どうなんですか？
摩擦
シートは
肌に大きな摩擦が起きて
肌トラブルの原因に
なってしまう可能性が
高いのでおすすめしません
疲れてる時は
よく使っちゃって
ました…！
ウラミ
眠い
お風呂はムリ
だけどせめて
メイクだけは！
もちろん そのまま寝るよりは
マシなので 日常使いに
気をつければいいと思います
ストレスを
ためるのは
かえって
マイナス
ですからね

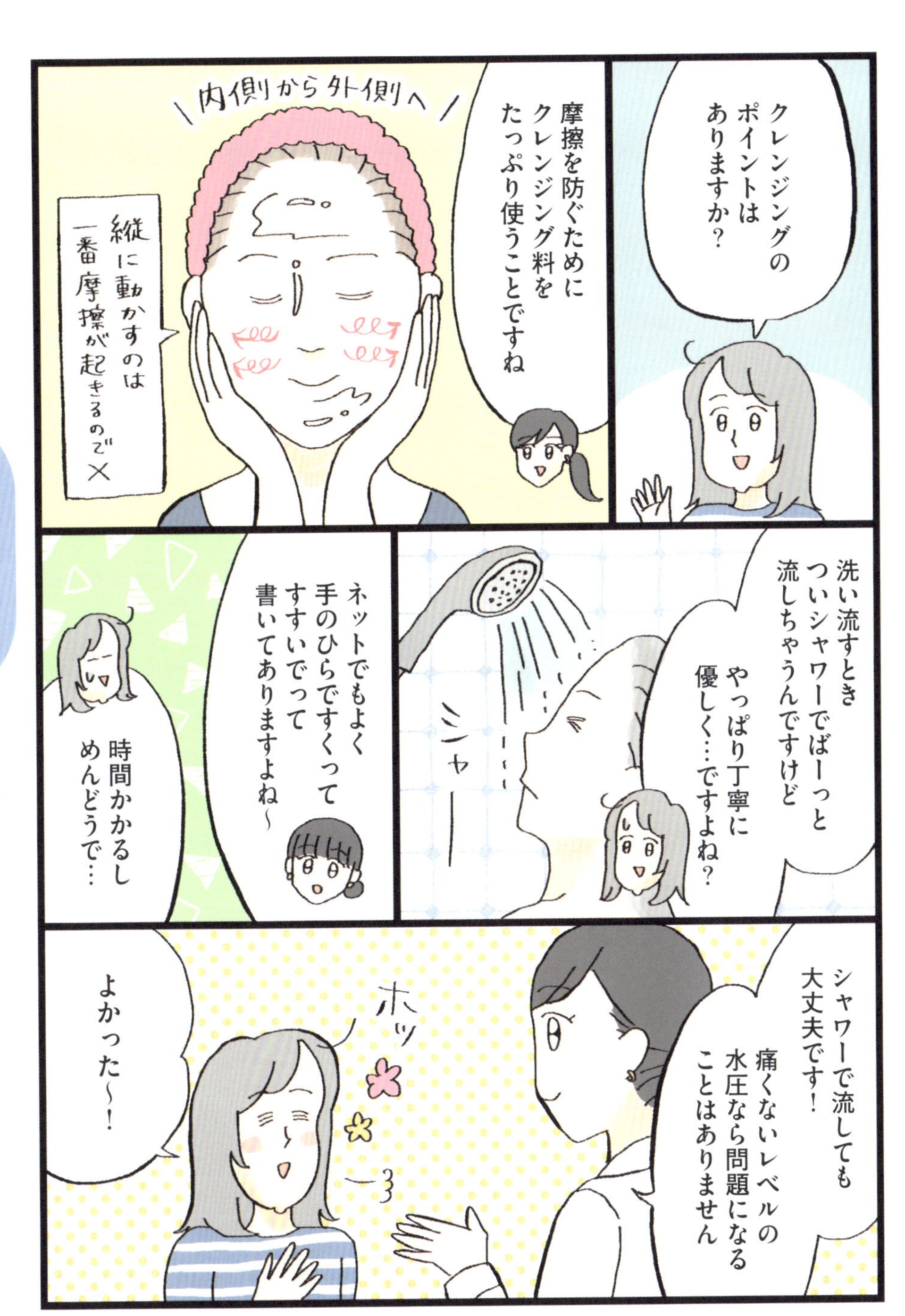


くたくたな夜
メイク落とし

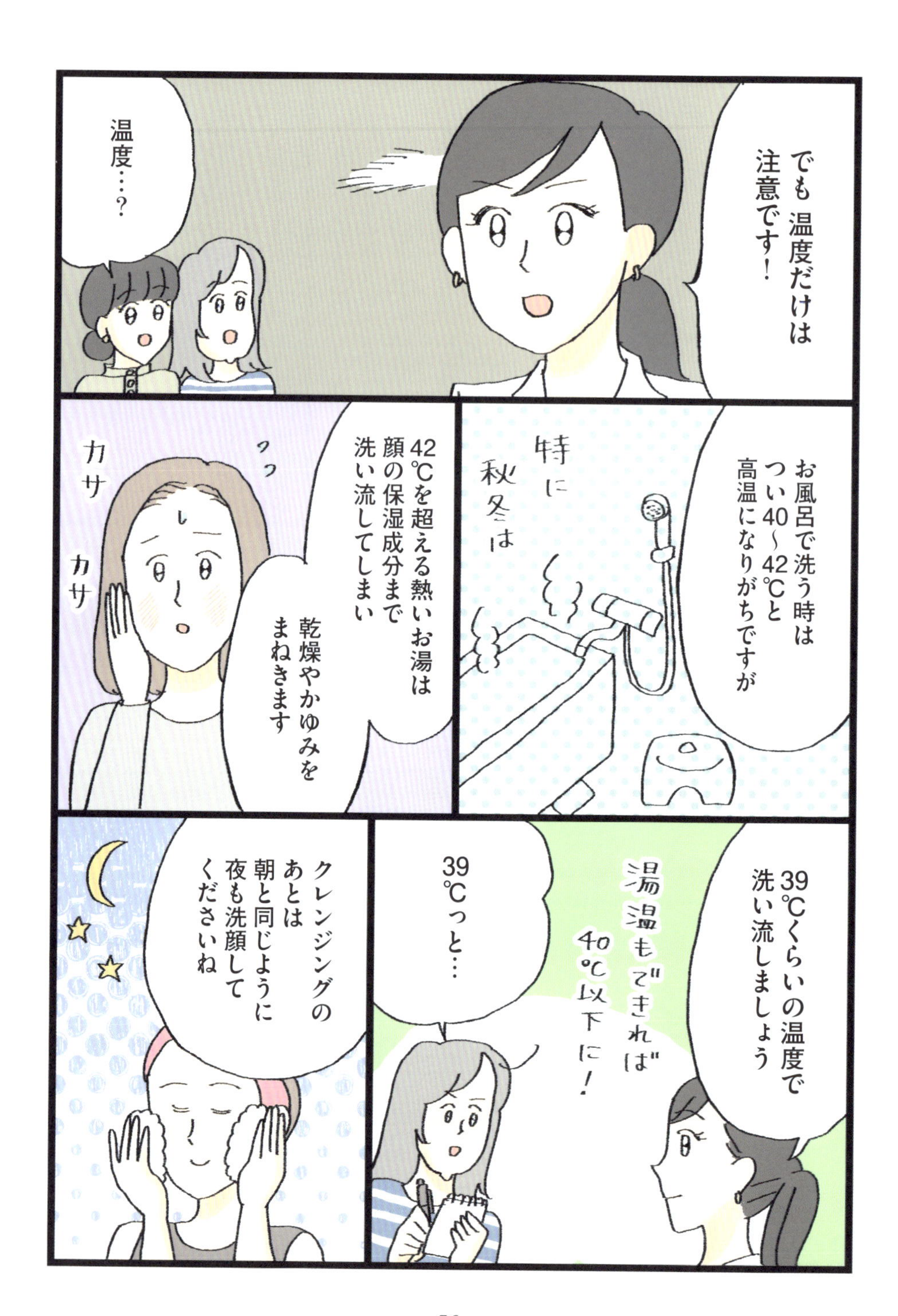
でも温度だけは注意です！
温度…？
お風呂で洗う時はつい40～42℃と高温になりがちですが
特に秋冬は
42℃を超える熱いお湯は顔の保湿成分まで洗い流してしまい
乾燥やかゆみをまねきます
カサ
カサ
39℃くらいの温度で洗い流しましょう
湯温もできれば40℃以下に！
39℃っと…
クレンジングのあとは朝と同じように夜も洗顔してくださいね

Hiku-Biyou

# クレンジングの
# 3か条

## ①クレンジングオイルで 時間短縮

たっぷりオイルで素早く！

## ②洗顔とセットで 「しっかり落とす」

クレンジングと洗顔は

8:2

## ③温度は40℃未満

高温になりがちな
お風呂洗顔に注意！

## 見逃しがちな唇のケア
## 「ワセリンを塗って寝るだけ！」

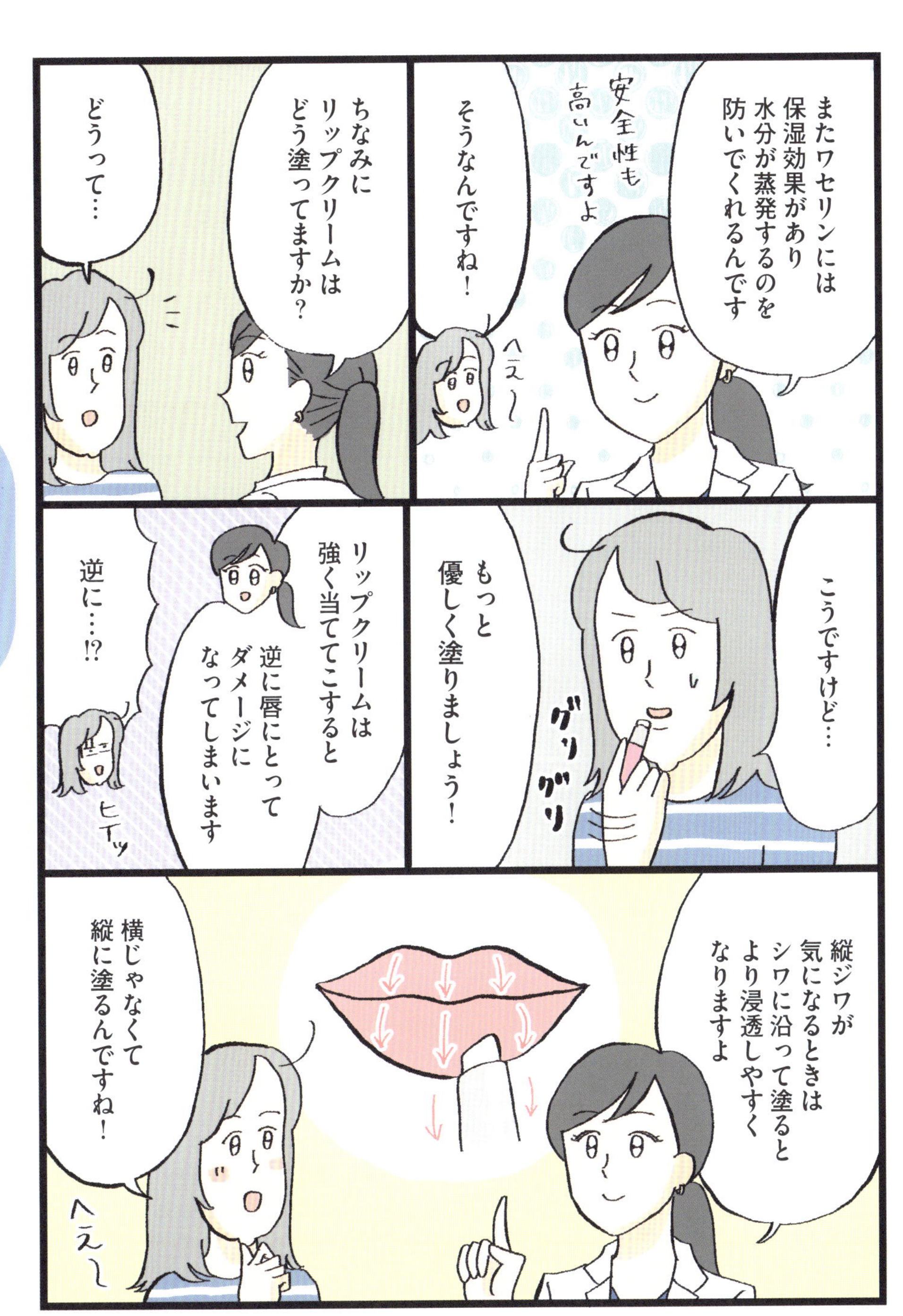

またワセリンには保湿効果があり水分が蒸発するのを防いでくれるんです
安全性も高いんですよ
へえ〜
そうなんですね!
ちなみにリップクリームはどう塗ってますか?
どうって…
こうですけど…
グリグリ
もっと優しく塗りましょう!
リップクリームは強く当ててこすると逆に唇にとってダメージになってしまいます
逆に…!?
ヒィッ
縦ジワが気になるときはシワに沿って塗るとより浸透しやすくなりますよ
横じゃなくて縦に塗るんですね!
へえ〜

唇の皮 気になってめくっちゃうんですよね…
めくらないほうがいいです
唇の表皮はおよそ1週間前後で生まれ変わります
カサ
カサ
翌週
New
皮がめくれかさぶたとなった状態は新しい皮膚に脱皮する一歩手前の状態なので
今かさぶたをめくってしまうとまたかさぶたを作る過程に戻らなくてはいけません
NG
あと数日我慢したほうがいいってことですね…!
気持ちはわかりますがそのままにしておきましょう
ちなみに唇の日焼け対策はしてますか？

唇の日焼け対策
考えたこと
なかったです…！
何もしてません…！
私も…
実は唇は紫外線を
浴びやすく
シミになりやすい
部位なんです
どう対策すれば
いいんでしょうか？
UV成分が配合されている
リップクリームをこまめに
塗り直してください
SPF35
PA+++
セルフケアで改善しない
唇の荒れは
皮膚科を受診して
くださいね
わかりました！
その後
夜寝る前にワセリンを
塗るようになってから
唇の調子が
良くなってきた！
ぷるんっ
ワセリンなら
子どもと一緒に使えるし
安くて便利で
もう手放せない…！
ぬりぬり

くたくたな夜

唇のケア

# 美肌は食事から
# 「血糖値と肌の関係」

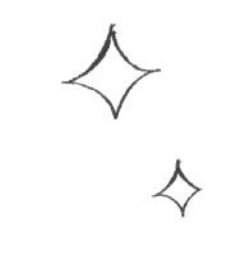

それに血糖値も
上がりにくいんですよ
血糖値と肌荒れって
関係あるんですか？
乳製品や
血糖値が上がり
やすいような食事は
ニキビを悪化させる
可能性があるんです
乳製品って
ヨーグルトも
ですか？
ヨーグルトやチーズは
影響が少ないと
言われています
YOGURT
乳製品で気をつけたいのは
これらの食品ですね
スキムミルク
SKIM
MILK
バター
生クリーム


くたくたな夜
唇のケア

血糖値が
上がりやすい食品
上がりにくい食品は
こちらです
血糖値が上がりやすい食品
白米
じゃがいも
せんべい
食パン
ミルク
チョコレート
血糖値が上がりにくい食品
そば
りんご
ヨーグルト
玄米
オートミール
ヨーグルト
よし！今から
スーパーに行って
全部買ってきます！
無理せず少しずつ
意識していけば
大丈夫ですよ！
また一日の血糖値の変動を
ゆるやかにするためにも
朝ごはんはしっかり
食べてくださいね！
はい！

ハイカカオのチョコ、
最初は「苦っ」と
思ったけど
食べ続けてたら
慣れてきました
口さみしいときの
お供に…

# 睡眠は最高の美容液！
# 「眠りの質を高めるナイトルーティン」

成長ホルモンの分泌は寝始めの3時間までに増加するので
この3時間にしっかり熟睡できているかが重要なんです
また 睡眠時間が不十分だと
成長ホルモンが十分に分泌されなくなります
睡眠時間ってどのくらいがいいんですか？
7時間前後と言われています
睡眠の質をあげるためには何をしたらいいんでしょうか？
まず1つ目はパジャマを着て寝ることです
くたくたな夜
睡眠

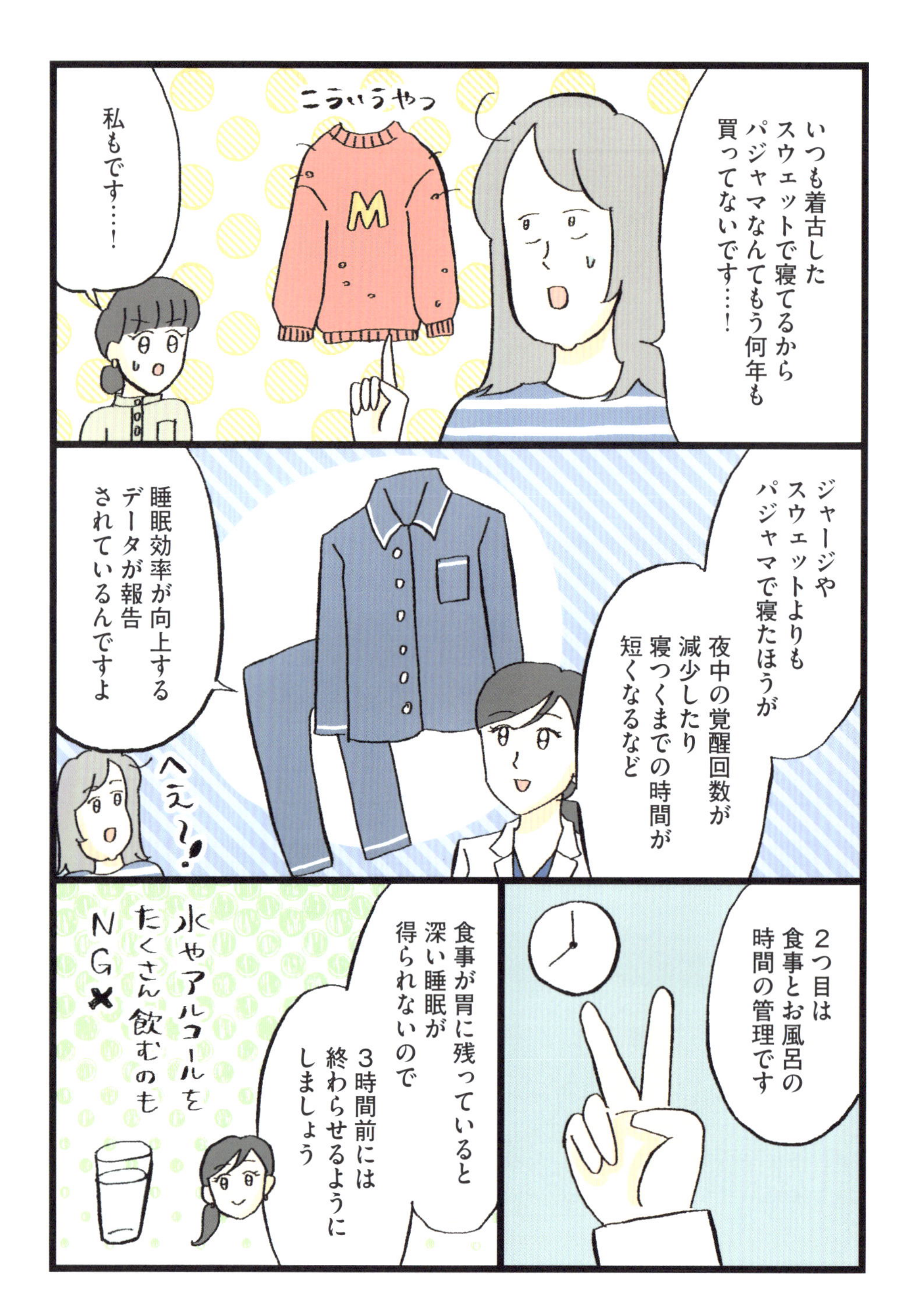
いつも着古したスウェットで寝てるからパジャマなんてもう何年も買ってないです…！
こういうやつ
私もです…！
ジャージやスウェットよりもパジャマで寝たほうが
夜中の覚醒回数が減少したり寝つくまでの時間が短くなるなど
睡眠効率が向上するデータが報告されているんですよ
へえ〜！
2つ目は食事とお風呂の時間の管理です
食事が胃に残っていると深い睡眠が得られないので
3時間前には終わらせるようにしましょう
水やアルコールをたくさん飲むのもNG✖

お風呂はいつも寝る直前に入ってるんですけど…
2〜3時間前に入ったほうが寝つきがよくなりますよ
3つ目は寝る前にスマホをいじらないことです
ドキッ
ブルーライトの強い光を脳が朝と勘違いして
メラトニンの分泌が弱まり
睡眠の質が下がってしまうんです
メラトニンってたしか美肌ホルモンでしたよね!?
はっ
ダラダラスマホやめましょう！
ナイトルーティンを見直して質のいい睡眠を目指しましょうね
はい！

ネットでパジャマ選び
どれにしよっかな～
子どもたちのはサイズアウトするたび買ってるけど自分の買うのって何年ぶりだろ～
楽しい
このストライプのパジャマかわいい！
カートに入れる
これにしよ！
数日後
いい感じ～！
ぴったり！
寝るだけの服なんてなんでもいいと思ってたけど
買って着てみると着心地のよさに感動するな…！
肌ざわりが違う
よく眠れますように
翌朝
シャキッ
なんかいつもよりぐっすり眠れた気がする！
パジャマ効果あなどれません！

パジャマって
「寝るための服」って
感じがするから

早くベッドに入ろうって
気になるし、休日の朝も
このままダラダラ
しにくくていい～！

# 日焼け止め「だけ」はNG！
# 「メイクは肌を守るバリア」

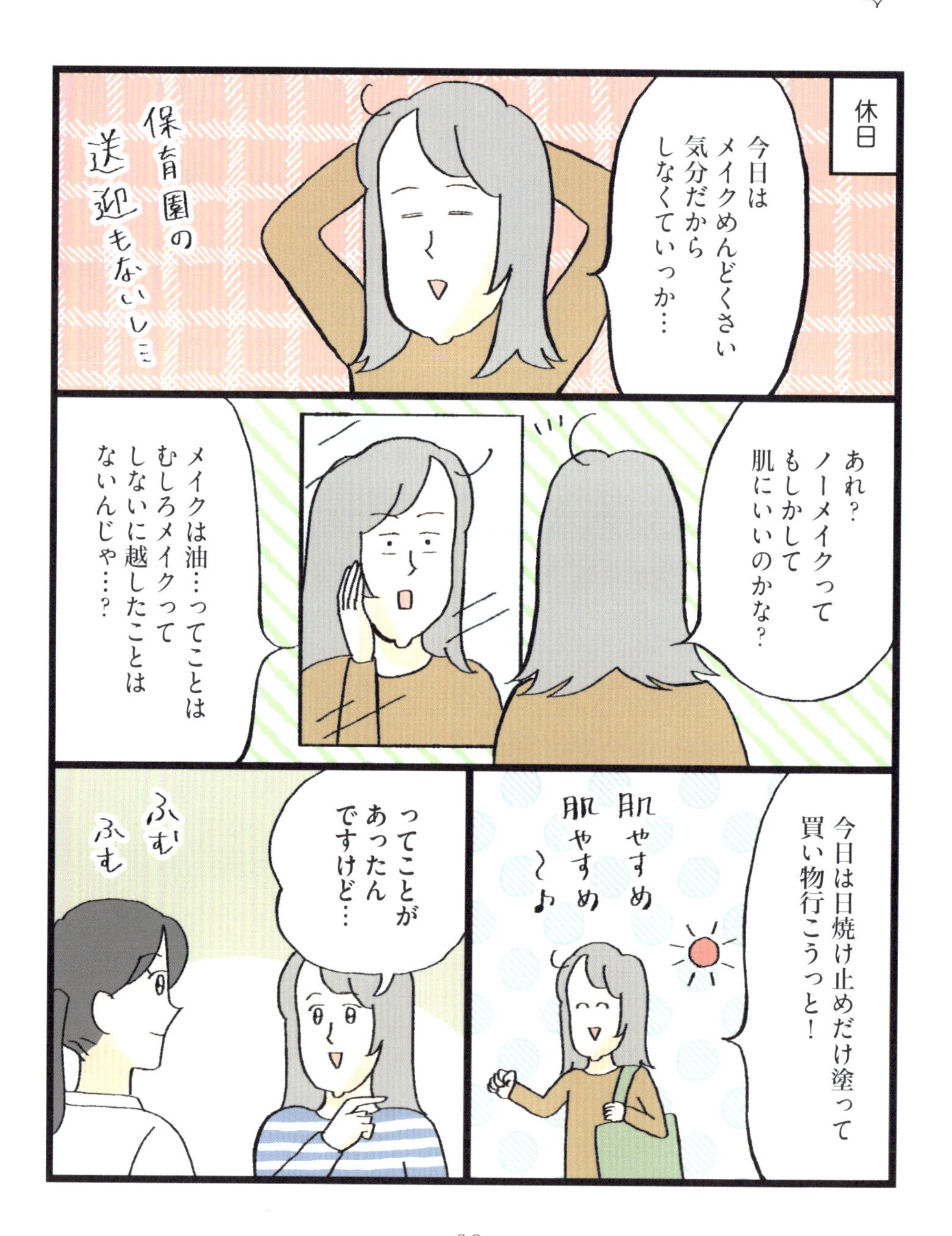

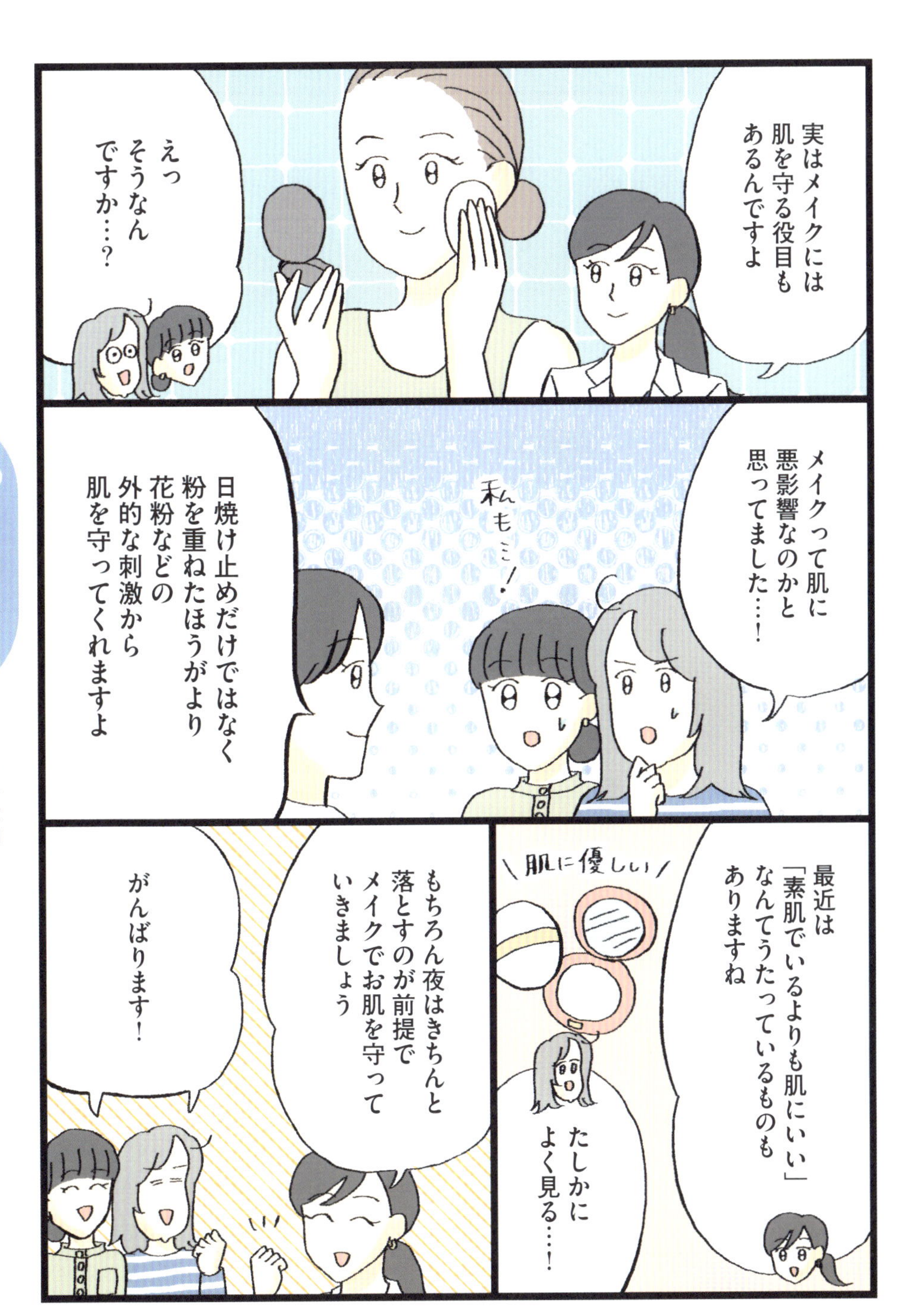


くたくたな夜

メイクの役割

コラム ③

# 寝ている間に若さを貯金!?
# 良質な睡眠は無料のスキンケア

小林智子先生

**「睡眠は最高の美容液」**と言われることがあります。
これは、睡眠は美肌ケアにとても重要だという意味です。
たしかに、寝不足が続くとニキビができたり
肌の調子が悪くなったりという経験がある方も多いのではないでしょうか。

まず、睡眠中は肌の調子を整える**「成長ホルモン」**が分泌されます。
この成長ホルモンは、日中に受けた紫外線や乾燥などのダメージを修復したり、
肌に栄養を運び健康な肌を作ってくれる効果があります。
そのため寝不足になると、肌が十分に修復されずに肌荒れを引き起こしてしまいます。

また、**「ストレスホルモン」**と呼ばれる
コルチゾールの分泌も寝不足によって乱れます。
このようなホルモンの乱れは皮脂の分泌や毛穴の詰まり（これを過角化と言います）に
影響をもたらし、ニキビなどの肌トラブルの原因となります。

このように、良質な睡眠は健やかな肌作りになくてはならないものなのです。

Column

そして最近注目されているのは、睡眠の**「アンチエイジング効果」**です。
具体的には、睡眠中に分泌される「メラトニン」という物質に、
抗酸化作用や抗糖化作用があるということがわかっていて、
良質な睡眠によってメラトニンが十分に分泌されると
寝ている間に肌が老けるのを抑えてくれるということが
いくつかの研究によって明らかになっています。

つまり、**睡眠とは「若さの貯金」**。
反対に寝不足が続くとどんどん若さの負債ができてしまい、
肌トラブルをもたらすだけでなく
老けて見えてしまう可能性もあるのです。

睡眠は誰でも簡単に、かつ「タダ」でできる美容ケア。
いつも寝る前についついスマホを
長時間見てしまうという方は、少しでもいいので
閉じてみましょう。そのちょっとの睡眠貯金が、
毎日の積み重ねで美肌へと導いてくれますよ。

# 疲れた夜のいたわり夜ごはん①
## スペシャルTKG

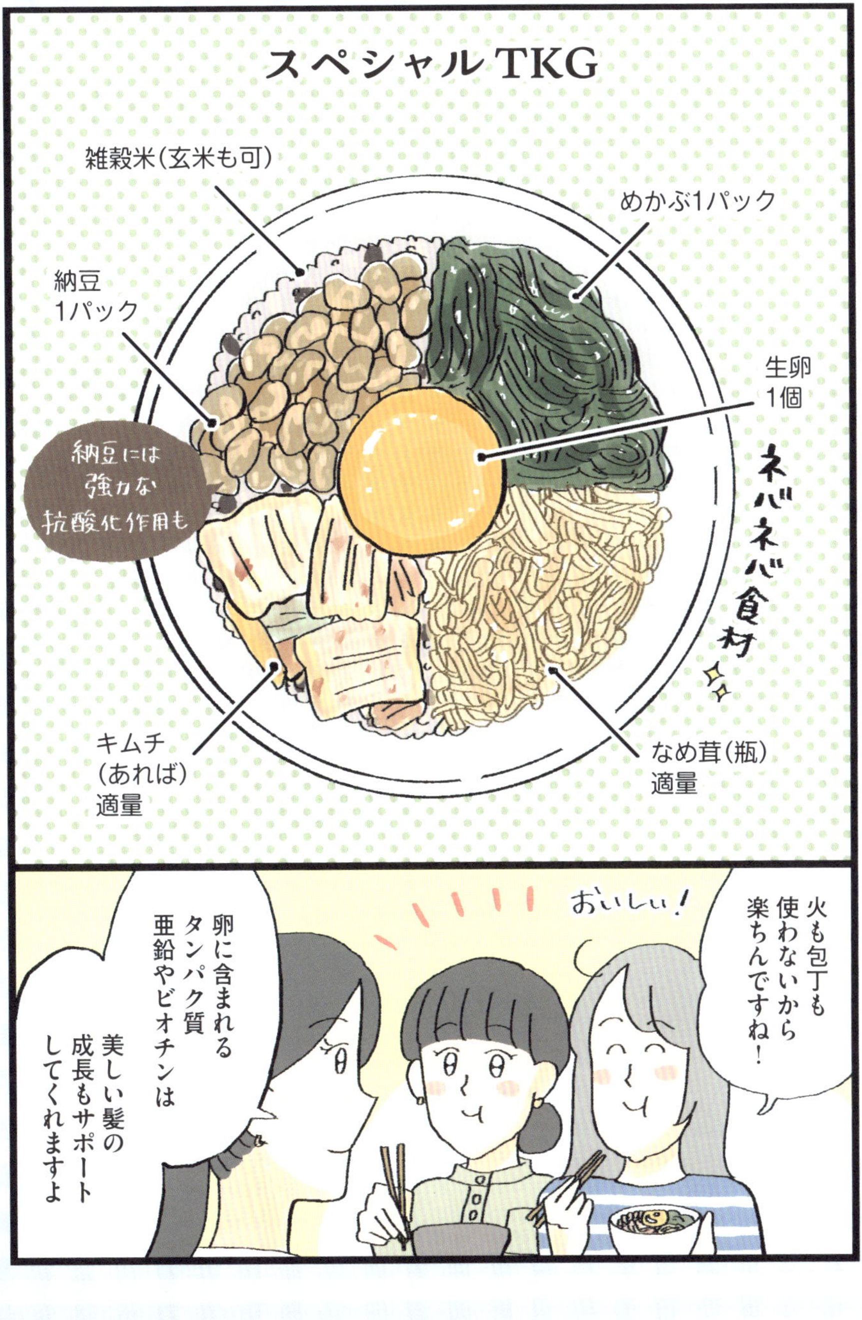

## スペシャルTKG

雑穀米（玄米も可）

めかぶ1パック

納豆
1パック

生卵
1個

納豆には
強力な
抗酸化作用も

ネバネバ食材

キムチ
（あれば）
適量

なめ茸（瓶）
適量

火も包丁も使わないから楽ちんですね！

おいしい！

卵に含まれるタンパク質亜鉛やビオチンは

美しい髪の成長もサポートしてくれますよ

## 疲れた夜のいたわり夜ごはん②
## オートミールリゾット

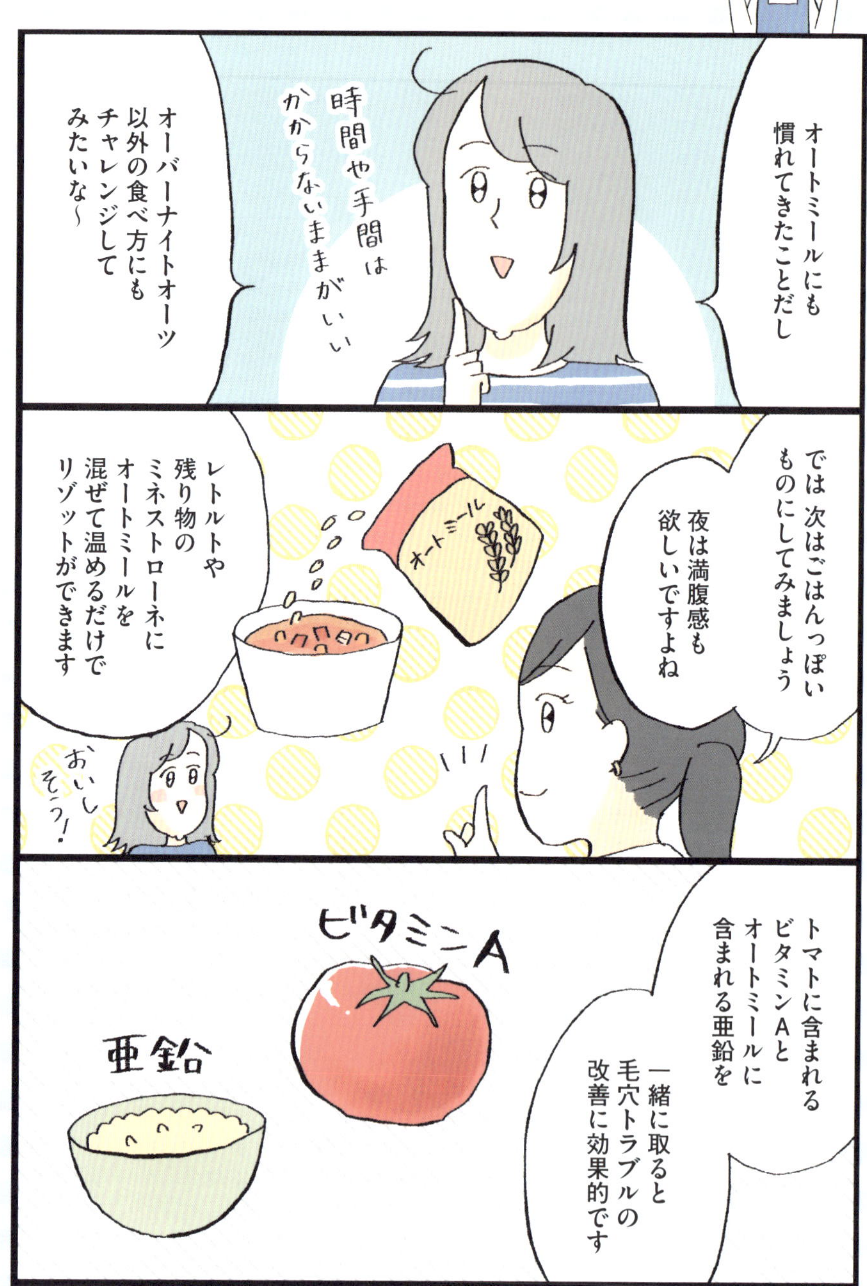

# オートミールリゾット

**材料**

- ミネストローネ
  （レトルトでOK）
  なければトマトピューレ 適量
- ミックスビーンズ
  （小袋のもの）1パック
- ツナ缶
- オートミール 30g

①深めの耐熱皿に
ミネストローネと
ミックスビーンズ、
ツナ缶（オイルを抜いて）を
入れる

②オートミールを
軽く混ぜて
電子レンジで60秒チン

ツナは皮脂の分泌を抑えてくれるビタミンB6も含んでいるので
テカリが気になる人にもおすすめです

あったまる〜

ツナ缶って余らせがちだったんですけど
これからは積極的に摂ろうと思います!

朝は抗酸化成分を含む食品がオススメ！

夜は腸内環境を整える食品がオススメ！

Lesson
3

# 肌のお悩みに過剰なケアを「引く」

## シミは治すよりも「悪化させない、作らせない」

### トラネキサム酸 コウジ酸 ビタミンC

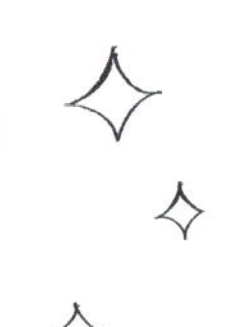

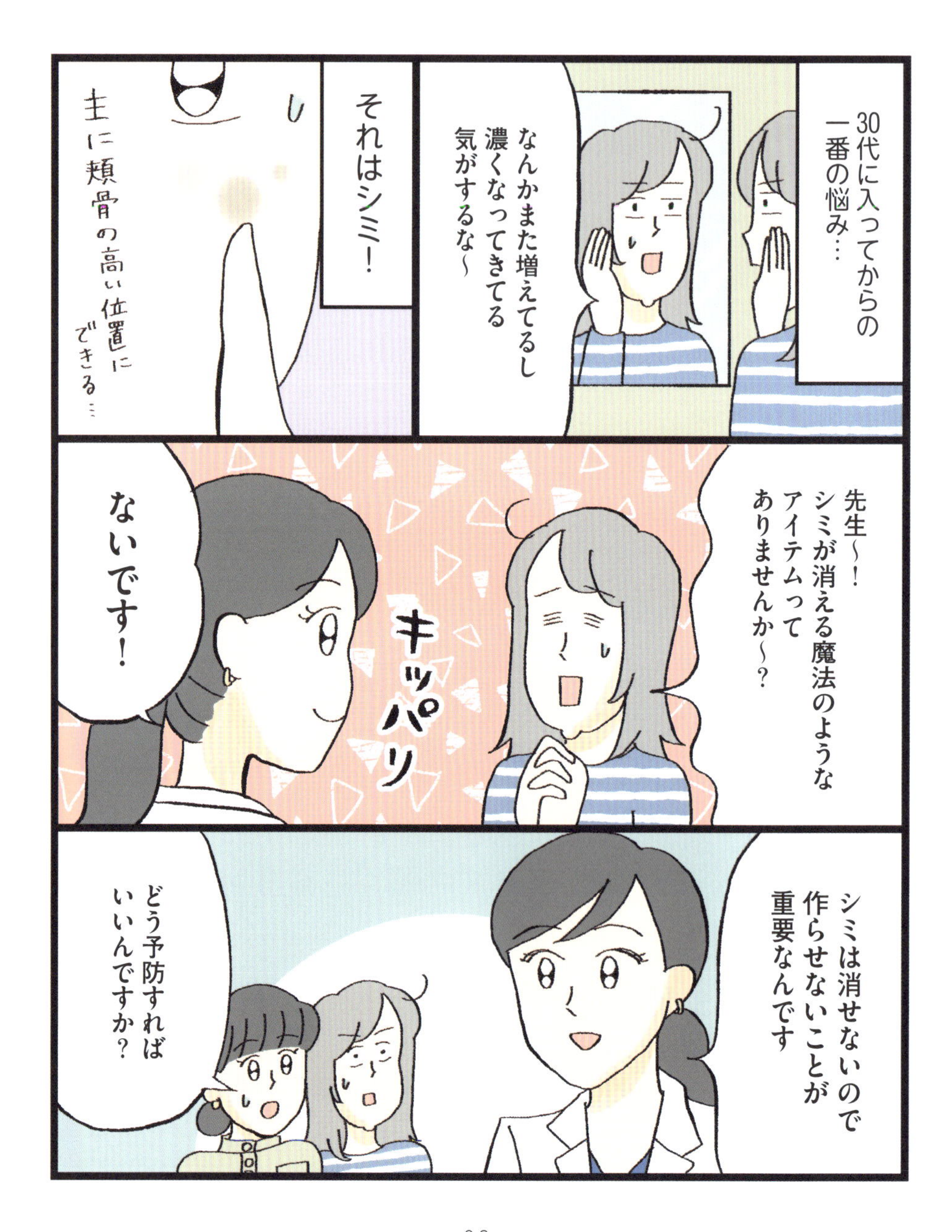

シミにはいろんな種類がありますが
雀卵斑（そばかす）
肝斑
炎症後色素沈着
老人性色素斑
どのシミも紫外線で悪化するので
日焼け止めを毎日しっかり塗ることが大切です
UV
顔には「指２本分」塗るんですよね！
覚えました！
毎日のスキンケアで他に気をつけることはありますか？
日焼け止め以外に…
肌を「こすらないこと」です

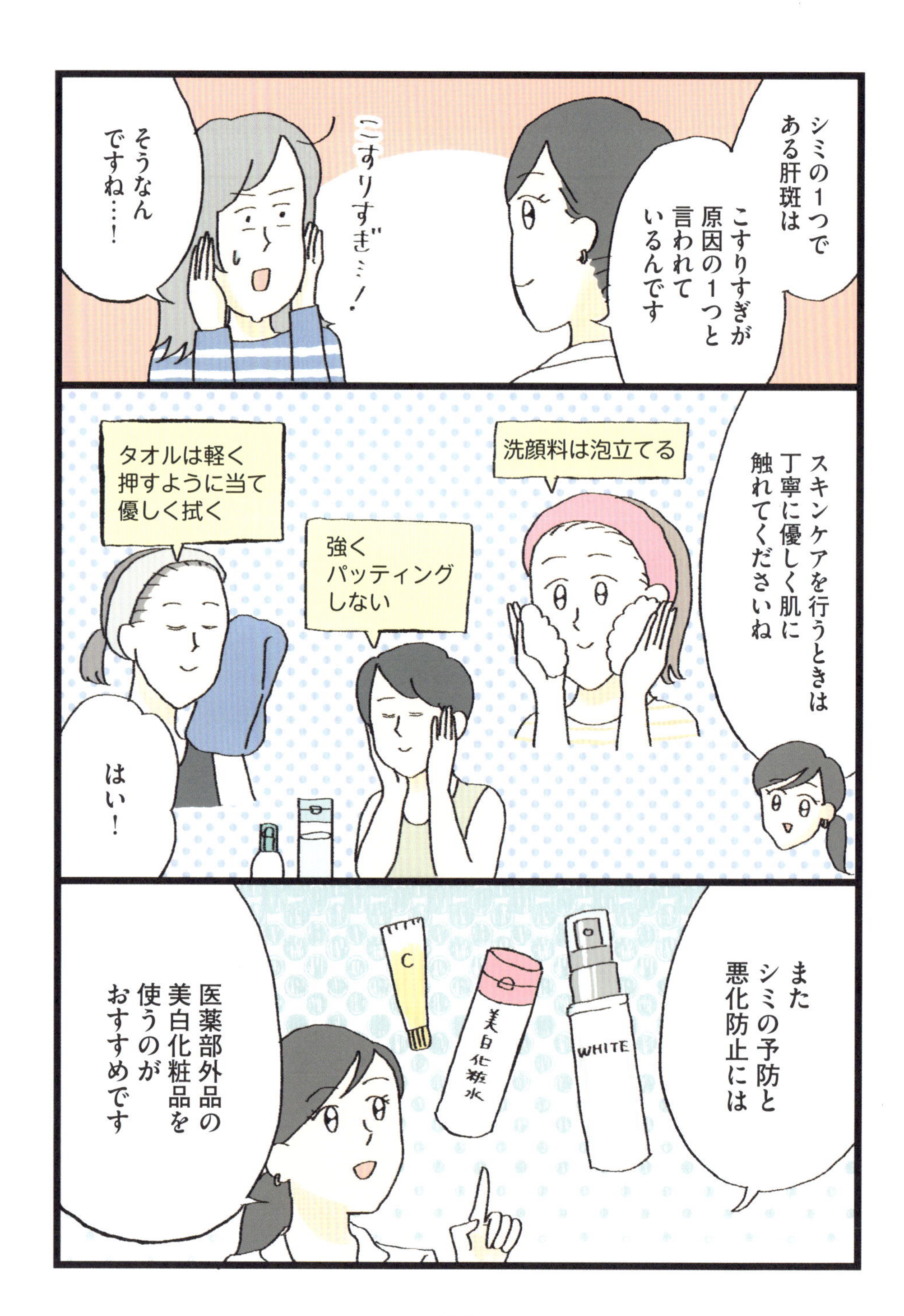
シミの1つである肝斑はこすりすぎが原因の1つと言われているんです
こすりすぎ～！
そうなんですね…！
スキンケアを行うときは丁寧に優しく肌に触れてくださいね
洗顔料は泡立てる
強くパッティングしない
タオルは軽く押すように当て優しく拭く
はい！
またシミの予防と悪化防止には
医薬部外品の美白化粧品を使うのがおすすめです
C
美白化粧水
WHITE

医薬部外品って結局なんなんですか？
よく聞くけどね
厚生労働省が認めた有効成分が入っている商品です
おすすめの成分はこちらです
・トラネキサム酸
・コウジ酸
・ビタミンC
トラネキサム酸はメラニンを作る細胞の活性化を抑制するタイプで
コウジ酸・ビタミンCはメラニンの生成を抑制するタイプです
古い角質
メラニン
メラニンを作る細胞
抑制
メラニンを作るという指令
ブロック
働きかける場所が違う成分を重ねて使うとより効果が高まりますよ
シミを悪化させないため新しいシミを作らないためにも根気強くホームケアを続けていきましょう
おー
はい！

# 黒ずみ毛穴には洗顔とファンデの見直しを

サリチル酸　レチノール　ビタミンC

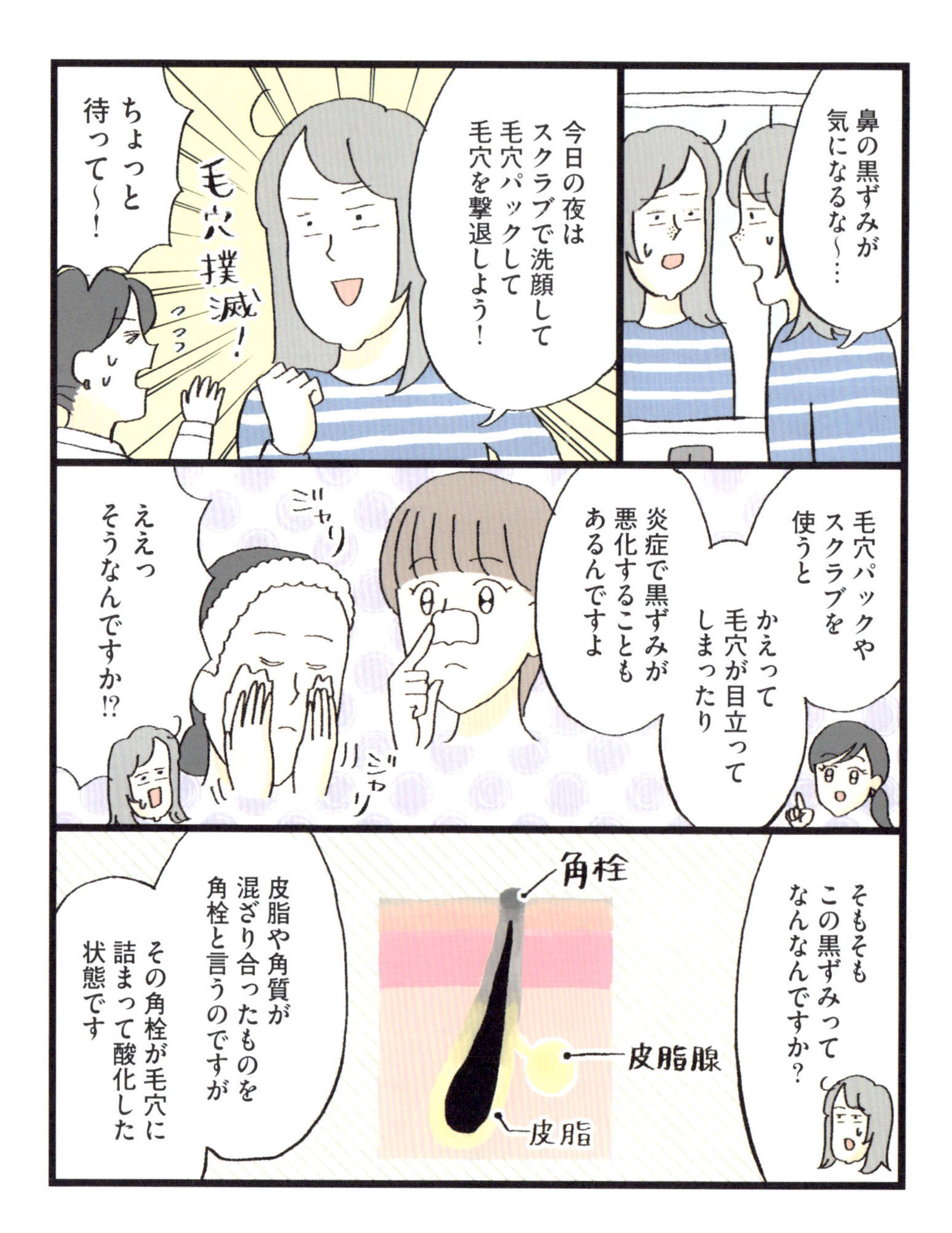

毛穴の詰まりを解消してあげるためにはまずは正しい洗顔が大事になってきます
詳しくは12ページを読んでね！
たっぷりの泡で優しく洗うんですよね！
洗顔料は毛穴詰まりに有効なピーリング剤であるサリチル酸が配合されたものが有効です
毎日使ってもいいんですか？
大丈夫ですよ
洗い流してしまうものですから！
また有効成分を配合した医薬部外品を取り入れるのもおすすめです
レチノール
ビタミンC
ナイアシンアミド
アゼライン酸

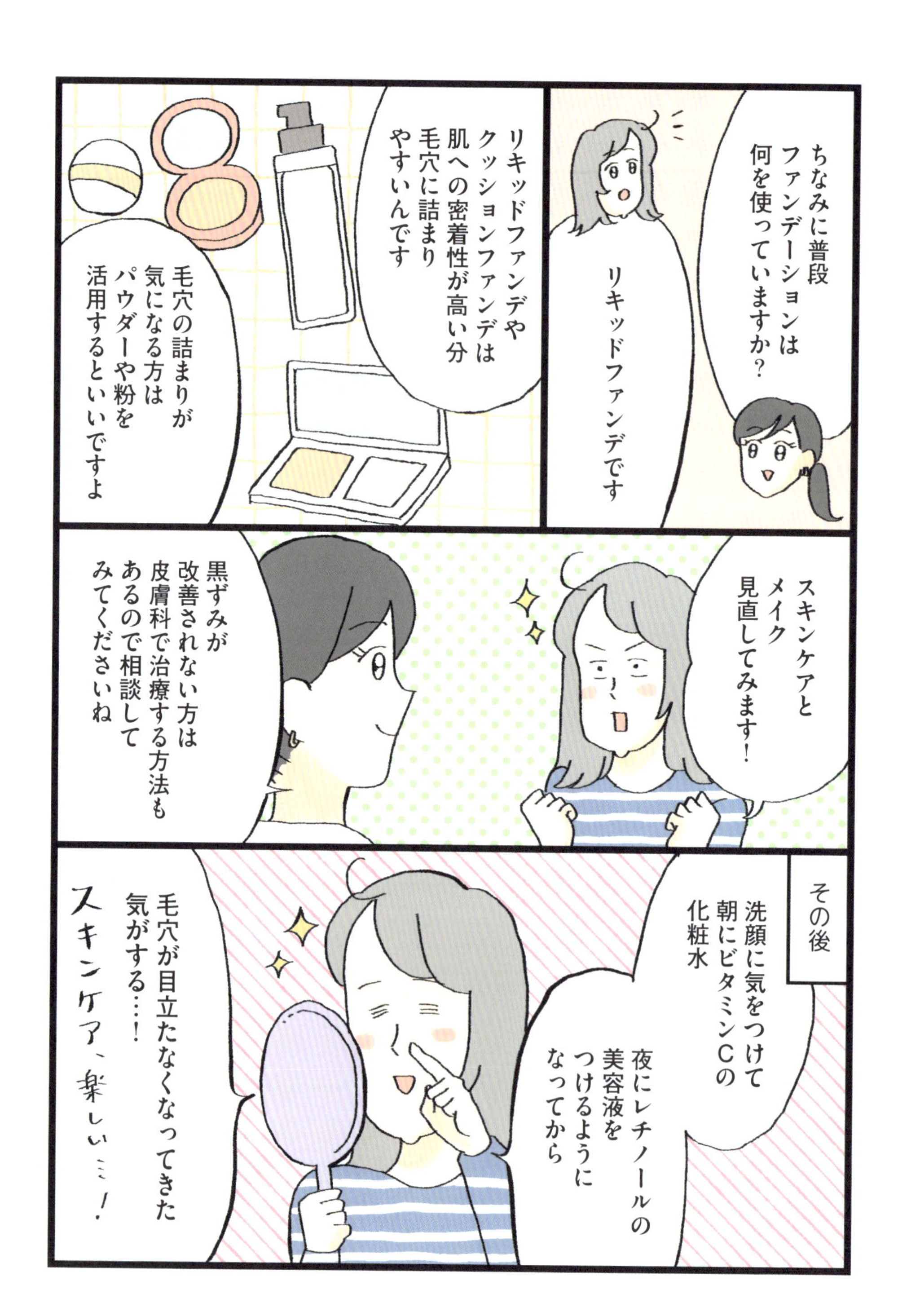
ちなみに普段
ファンデーションは
何を使っていますか?
リキッドファンデです
リキッドファンデや
クッションファンデは
肌への密着性が高い分
毛穴に詰まり
やすいんです
毛穴の詰まりが
気になる方は
パウダーや粉を
活用するといいですよ
スキンケアと
メイク
見直してみます!
黒ずみが
改善されない方は
皮膚科で治療する方法も
あるので相談して
みてくださいね
その後
洗顔に気をつけて
朝にビタミンCの
化粧水
夜にレチノールの
美容液を
つけるように
なってから
毛穴が目立たなくなってきた
気がする…!
スキンケア、楽しい…!

効果が感じられると
楽しいですね！

今まで何十年も
あたりまえのように
スキンケアしてきたけど、
こんなに実感が
得られたことって
初めてかも！

ニキビはパッチで保護してしっかり保湿！

サリチル酸 セラミド

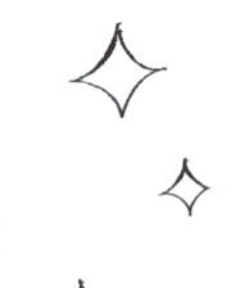

コンシーラーは毛穴に詰まりやすいので塗り潰すと悪化する可能性があります

じゃあどうすれば…!?

気になって触ったり潰してしまいがちな方はニキビパッチを貼って保護してもいいですね

色つきタイプのものも売ってます

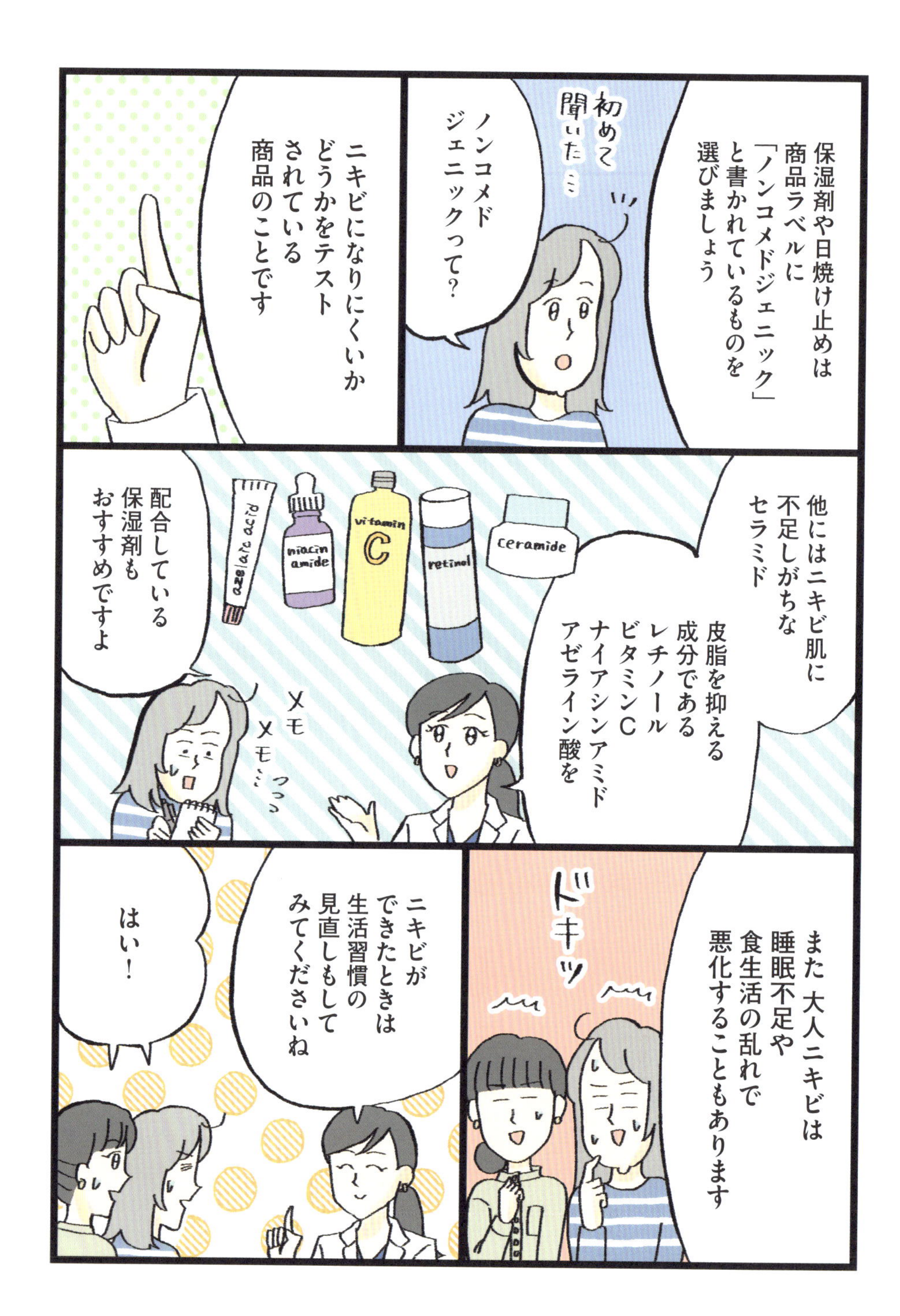
保湿剤や日焼け止めは商品ラベルに「ノンコメドジェニック」と書かれているものを選びましょう
初めて聞いた…
ノンコメドジェニックって？
ニキビになりにくいかどうかをテストされている商品のことです
他にはニキビ肌に不足しがちなセラミド
皮脂を抑える成分であるレチノールビタミンCナイアシンアミドアゼライン酸を
配合している保湿剤もおすすめですよ
メモメモ…
ceramide
retinol
vitamin C
niacin amide
azelaic acid
また大人ニキビは睡眠不足や食生活の乱れで悪化することもあります
ドキッ
ニキビができたときは生活習慣の見直しもしてみてくださいね
はい！

必要な成分をとれば
全部解決ことは
いかないですね

特別なことを
するのではなく、
睡眠・食事・
生活習慣の
細かい部分を
丁寧にしていきましょう

# 頬や口周りのカサカサに「入浴は40℃未満で10分以内」

また高い温度の湯船につかると保湿成分が流れ出て乾燥するので
温度は40℃未満にしましょう
入浴時間は5～10分がおすすめです
えっ 短い！
私 長い時は1時間くらい入ってました…
肌が潤う気がして…
長時間の入浴はバリア機能の低下につながるんですよ
乾燥におすすめの成分はありますか？
バリア機能を改善する成分であるセラミドがおすすめです
CERAMIDE CREAM
紫外線もバリア機能を弱めて乾燥を招くので秋冬もUVケアをしてくださいね
わかりました！


お悩み対策 乾燥

# 尿素でひじ、ひざ、かかとをやわらかく

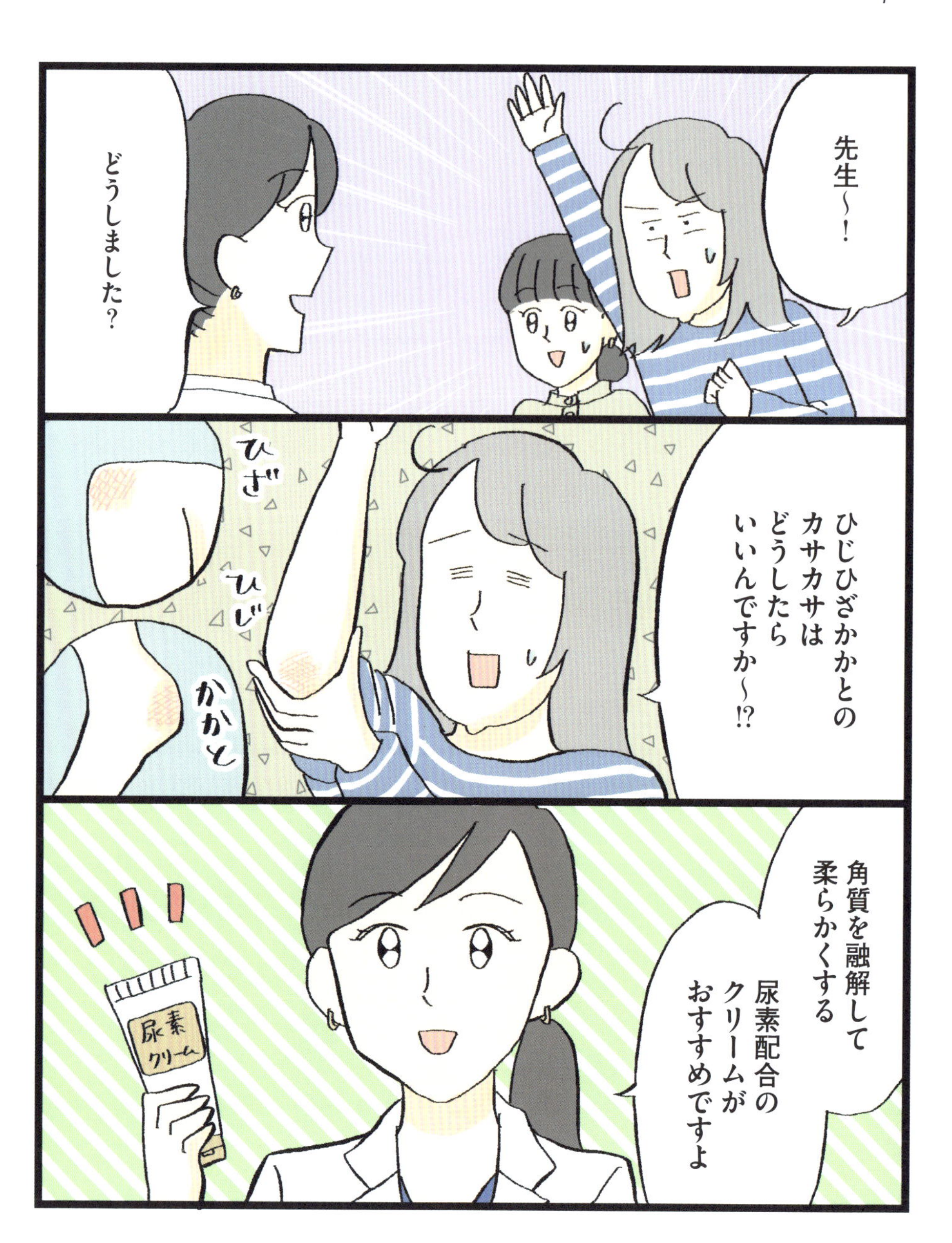

市販の製品でも
医薬品と同じ
20%配合のものを
選ぶことができます
尿素10%
尿素20%
刺激を感じやすい人は
10%配合の
マイルドなものから
試してみてください
かかとって
削っても
いいんですか?
削る頻度は
1週間に1回が
目安です
一度に取り除こうとせず
角質を少しずつ削って
保湿で柔らかくしていく
というケアを
繰り返してください
見えないところを
きれいにするのって…
自分を労ってる
感じがしますよね…
ですね…!

お悩み対策 乾燥

# ストレスはお肌の大敵！<br>疲れない身体づくり

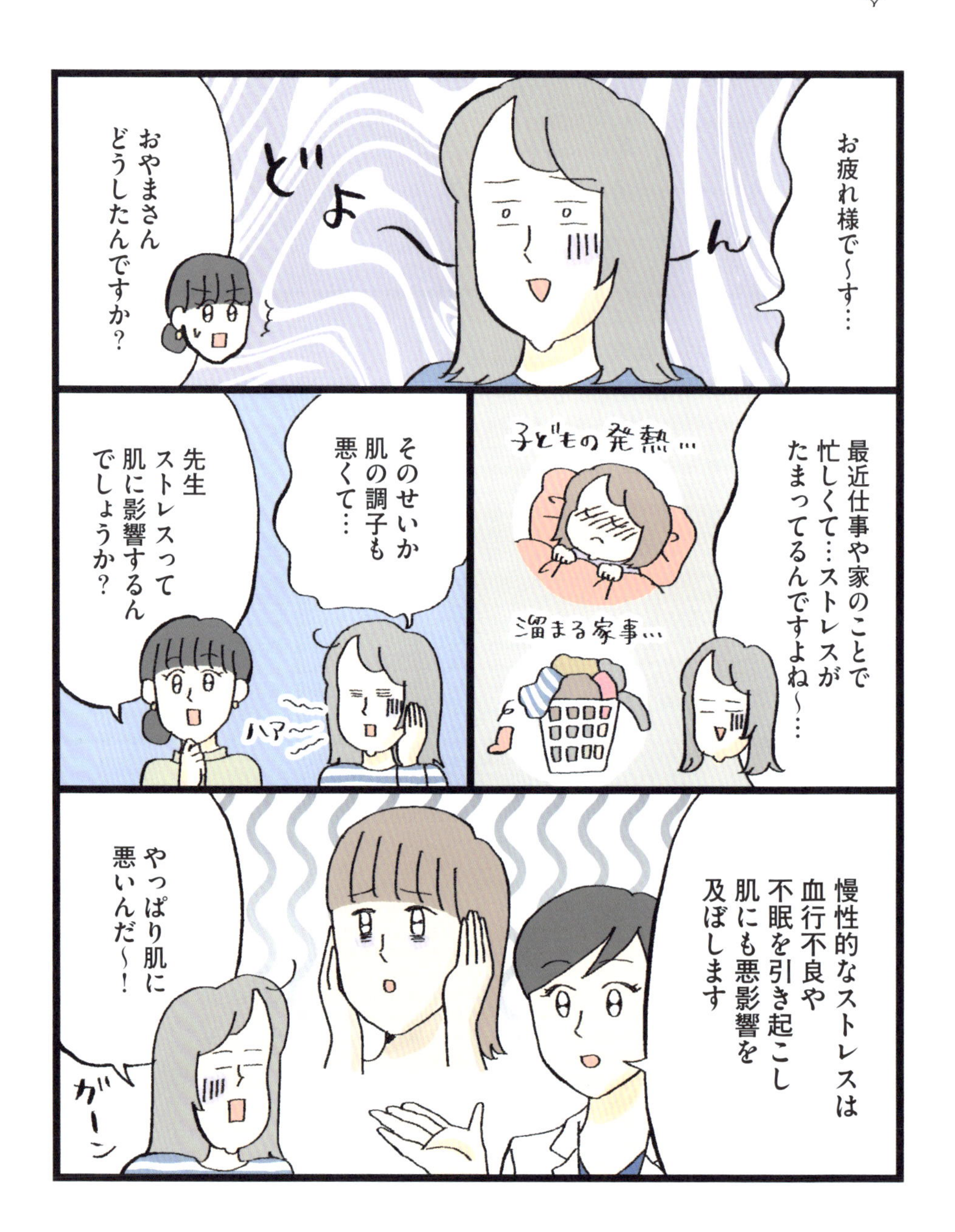

ストレス耐性をつけるためには体力をつけましょう！
体力がつくと多少のことでは疲れなくなりストレスを感じにくくなりますよ
たしかに……！
まずは下半身を効率的に鍛えられるスクワットからやってみましょう！
足は肩幅くらいまで広げる
ひざとつま先の方向は同じ
背すじは伸ばす
ひざはつま先より前に出ない
おしりを突き出す
太ももが床と平行になるまでおろす

ふ…太ももの
裏側に効く…！
家事のついでに
やるのも
おすすめですよ！
プル
プル
続いてはランジ
スクワットと同じく下半身を
効率的に鍛えられます
足を肩幅に開いて
まっすぐ立ち
大きく前に
一歩踏み出す
ひざを曲げ、太ももが
床と並行になるまで
腰をおろしたら
ゆっくり
元の姿勢に戻す
反対側も同様に行う
前ひざはつま先より
前に出さないようにする
後ろ足のひざは
床につくギリギリまで
落とす

正しいフォームでやろうと思うと意外と難しいですね…！
グラ
グラ
ひざや腰を痛めないためにもフォームは大事ですよ！
最後にプランク
体幹を鍛える方法として効率的です
背中のラインがまっすぐになるようにする
これキツイ…！
明日は筋肉痛確定…！
ブル
ブル
ブル
どの運動も無理はせず慣れてきたら回数や秒数を増やすようにしましょうね！

コラム④

# 一生懸命ケアしない！肌トラブルの時こそ「引く美容」

なんだかいつも使っている化粧品がピリピリする…。
一度は経験がある方も多いのではないでしょうか。
これは、いわゆる「敏感肌」の状態である可能性があります。
肌が敏感な状態からくるピリピリとした刺激だったり違和感だったりは、
**肌からのSOSサイン**です。
さて、そんな時はどんなことに気をつければいいでしょうか。

よく、ハトムギやビタミンCなどあれこれと肌によさそうな成分を
せっせと塗るのを見かけますが、それは実は間違っています。
肌が敏感なときは、バリア機能という
外からの刺激に対する抵抗力が低下している状態になっています。
なので、できるだけ**刺激を少なくする**ことが大切です。
スキンケアにおいては色々「足す」のではなく「引く」ことが重要なのです。

具体的には、まずいつもよりも**メイクを薄くする**こと。
そうすることで洗顔の時に必要な洗浄力は少なくて済みます。
洗顔は肌にとってはかなり負担となる行為なので、
できる限り優しく行うことがポイントです。

Column

そして、**肌に乗せるアイテムも少なくする**こと。
あれこれ化粧品を足さず、
むしろ使うアイテム数は減らしましょう。
よく、化粧水・乳液・美容液・クリームと一連を
セットで使っている方がいらっしゃいますが、
肌が敏感な時は乳液だけにしたり、
オールインワンジェルのようなものに変更したりするほうが無難です。
特に化粧水は刺激を感じやすかったりします。

スキンケア成分では肌のバリア機能を立て直してくれる成分がおすすめです。
具体的には**「セラミド」**や**「ヘパリン類似物質」**などが挙げられます。
これらが配合されている保湿剤はドラッグストアでも簡単に手に入りますので
急なSOSサインの時でも比較的試しやすいと思います。

このように肌のバリア機能を高めるようなケアを意識していただき、
それでも赤みやかゆみ、ごわつきが出てきたという場合は、
既に湿疹などの疾患に発展している可能性が高いため、
皮膚科を受診するようにしましょう。

## もう1歩頑張れる日のスペシャルごはん
## サーモンのホイル蒸し

# サーモンのホイル蒸し

## 材料

・サーモン 1切れ
・きのこ類 適量
・ほうれん草 1束
・バター 10g
・醤油 小さじ1〜2

①アルミホイルで材料をすべて入れて包む

②深いフライパンに並べて水を適量入れる
蓋をして弱火〜中火にかけて蒸す

# お悩み別
# おすすめスキンケア成分

## シミ（肝斑）

トラネキサム酸 ／ コウジ酸 ／ ビタミンC

## 毛穴

サリチル酸 ／ レチノール ／ ビタミンC
ナイアシンアミド ／ アゼライン酸

## ニキビ

セラミド ／ レチノール ／ ビタミンC
ナイアシンアミド ／ アゼライン酸

## 乾燥

顔：セラミド ／ ヘパリン類似物質
体：尿素

保湿アイテムを
買うときに
要チェック！

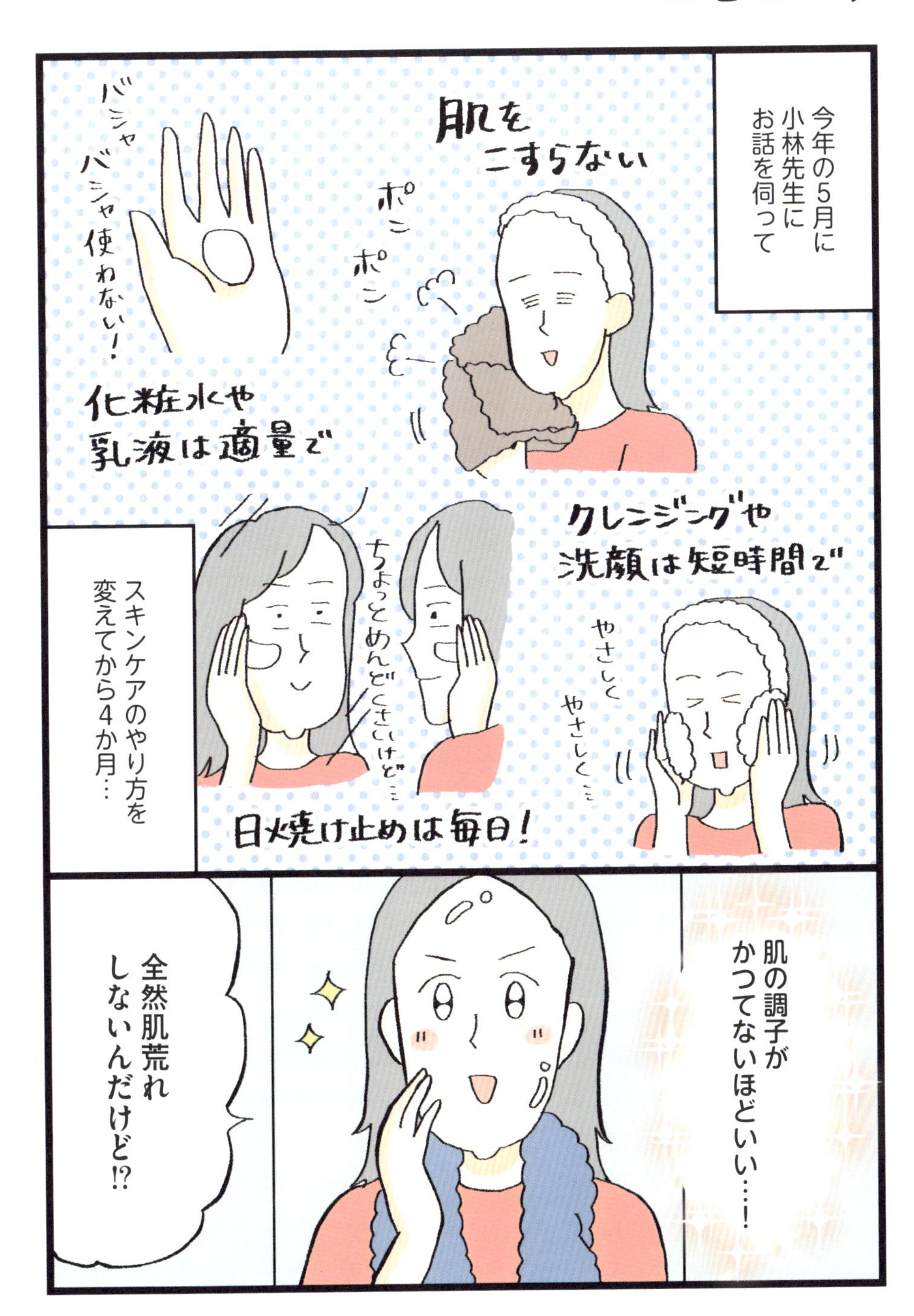
今年の5月に小林先生にお話を伺って
肌をこすらない
ポンポン
バシャバシャ使わない！
化粧水や乳液は適量で
クレンジングや洗顔は短時間で
やさしくやさしく…
ちょっとめんどくさいけど…
日焼け止めは毎日！
スキンケアのやり方を変えてから4か月…
肌の調子がかつてないほどいい…！
全然肌荒れしないんだけど!?

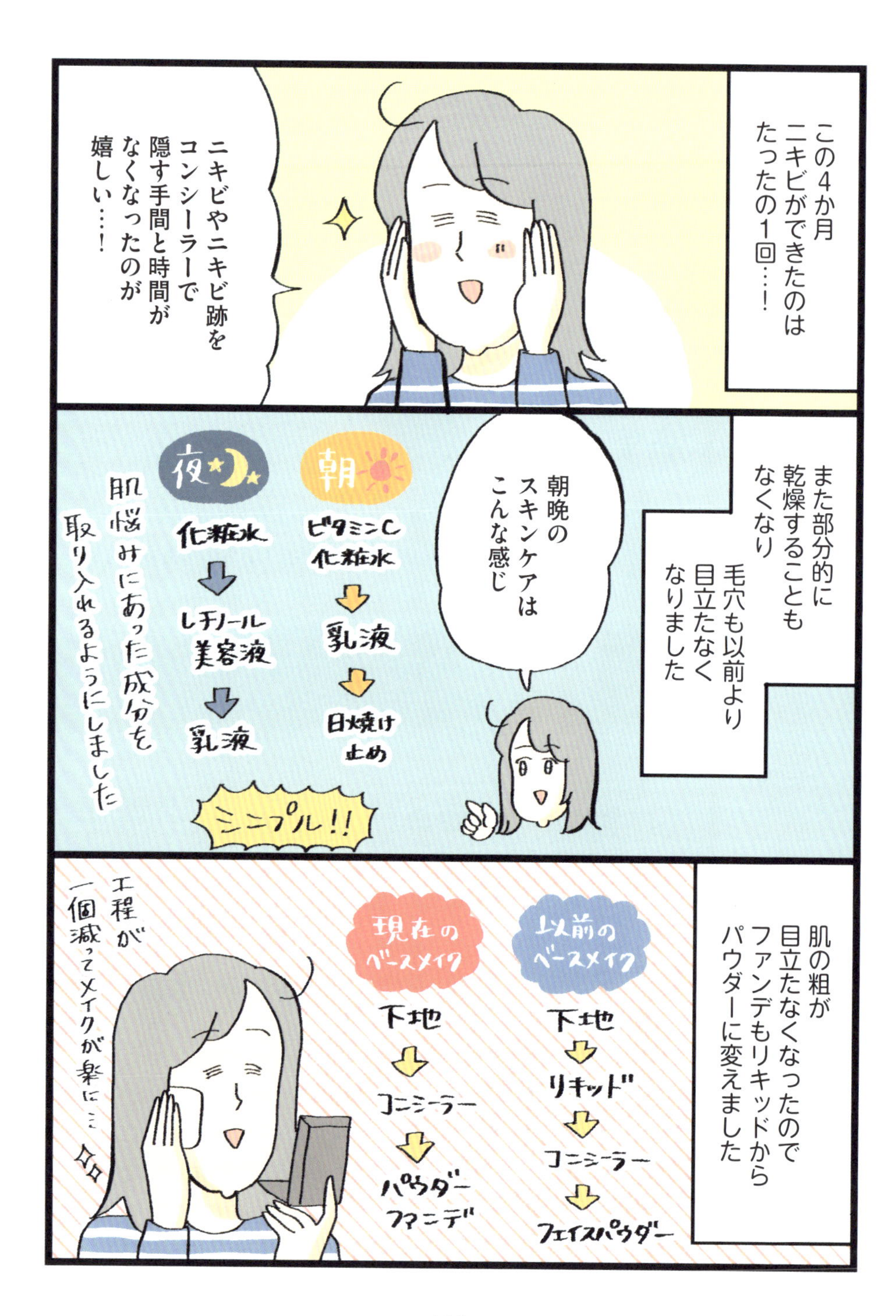

この4か月
ニキビができたのは
たった1回…!
ニキビやニキビ跡を
コンシーラーで
隠す手間と時間が
なくなったのが
嬉しい…!
また部分的に
乾燥することも
なくなり
毛穴も以前より
目立たなく
なりました
朝晩の
スキンケアは
こんな感じ
朝
ビタミンC
化粧水
乳液
日焼け
止め
夜
化粧水
レチノール
美容液
乳液
肌悩みにあった成分を
取り入れるようにしました
シンプル!!
肌の粗が
目立たなくなったので
ファンデもリキッドから
パウダーに変えました
以前の
ベースメイク
下地
リキッド
コンシーラー
フェイスパウダー
現在の
ベースメイク
下地
コンシーラー
パウダー
ファンデ
工程が
一個減ってメイクが楽に…

自分の肌を観察するってシンプルなことができてなかったんだなあ…
私も「肌に良い！」って聞いては試して…って繰り返してたんですけど
実際に自分に何があってるのかってよくわかってなかったんですよね…
保湿＝ベタベタするものと思いこんでたんですけど
必要な量をつけるようにしてからメイク崩れも減ったんです
私もです！
メイクのりも変わりますよね！
誰かの言った正解が自分にとってもそうとは限らないんですよね
自分の肌と向き合えば必要なものが見えてくると思うんです
「引く美容」って自分を知ることだったんですね…！

肌の不調は
年齢のせいだと
諦めてたけど
習慣を少し変えるだけで
肌がきれいになって
自信がついたおかげで
髪色を
明るくしたり…
今まで着たこと
なかった服を
着てみたり…
服装とか髪型も
やってこなかったものに
チャレンジしてみようって
意欲が湧いてきたんです
美容って自分とは
縁遠いもので
特別なものだったけど
身近で楽しいものに
変わりました！
肌が変わったことで
気持ちも前向きに
なったんですね…！
とはいえ…
寝る前のスマホを
やめるとか
運動は
サボっちゃうことも
あるんですけど…
へへ
頑張りすぎず
ストレスためない
スキンケアを
続けていきたいと
思います！

STAFF ✧

DTP
小川卓也

校正
鷗来堂

営業
後藤歩里

編集長
斎数賢一郎

編集
戸張美紀

ブックデザイン
あんバターオフィス

# 8年スキンケアを変えていない私がたどりついた「引く美容」

2024年11月20日　初版発行

著　おやま
監修　小林智子

発行者　山下直久
発行　株式会社 KADOKAWA
〒102-8177　東京都千代田区富士見 2-13-3
電話 0570-002-301（ナビダイヤル）
印刷・製本　TOPPANクロレ株式会社



◎お問い合わせ
https://www.kadokawa.co.jp/
（「お問い合わせ」へお進みください）
※内容によっては、お答えできない場合があります。
※サポートは日本国内のみとさせていただきます。
※Japanese text only
定価はカバーに表示してあります。


ISBN 978-4-04-684119-3 C0077